W0299805

David Veenhuys

Les 7 lois pour se libérer de ses peurs

Et reconquérir son indépendance d'esprit

Jouvence Editions

Le travail autrement

Extrait du catalogue Jouvence

Surmonter ses peurs, Hervé Magnin, 2008
Susceptible et bien dans ma peau, Hervé Magnin, 2008
Savoir écouter, ça s'apprend !, Christel Petitcollin, 2008
Quand la girafe danse avec le chacal, Serena Rust, 2008
Je suis perfectionniste, mais je me soigne !,
Xavier Cornette de Saint Cyr, 2008
La colère, cette émotion mal aimée,
Serge et Carolle Vidal-Graf, 2008
Victime, bourreau ou sauveur : comment sortir du piège ?,
Christel Petitcollin, 2007

Catalogue gratuit sur simple demande

ÉDITIONS JOUVENCE
France : BP 90107 – 74161 St Julien en Genevois Cedex
Suisse : CP 184 – 1233 Genève-Bernex
Internet : www.editions-jouvence.com
Mail : info@editions-jouvence.com

© Éditions Jouvence, 2009
ISBN 978-2-88353-782-8

Traduit de l'anglais par veronique.massin@wanadoo.fr
Dessin de couverture : Jean Augagneur
Les images et/ou photos intérieures appartiennent à 123RF
Limited ou à leurs partenaires. Elles sont utilisées avec leur
permission et sous licence.
Mise en pages : Éditions Jouvence
Tous droits de reproduction, traduction et adaptation réservés pour tous pays.

« Je viens juste de lire ce remarquable livre dans l'avion qui me conduisait vers mes nouvelles fonctions à Londres. J'ai beaucoup aimé. Nous pouvons tous nous retrouver dans nombre des points abordés, et les solutions proposées constituent des rappels fort utiles. »

Paul Polman,
P.D.G. d'Unilever

« Vaincre ses peurs est le travail d'une vie. Le livre et le séminaire de David Veenhuys sont la première étape d'un tel travail. À ne différer sous aucun prétexte ! »

Geneviève Morand,
Fondatrice & CEO Rezonance SA

« Pour tous ceux qui veulent se débarrasser de leurs chaînes et de leurs peurs, qui ne veulent plus avoir de limitations inutiles et aller au-delà de leurs limites ! Voici un livre simple, pratique et rafraîchissant qui aidera à franchir ce pas, en toute liberté. »

Paola Ghillani,
Présidente de Paola Ghillani & Friends SA

Avant-propos

J'ai écrit ce livre avec le soutien de la société horlogère Raymond Weil. Dès le départ, ses dirigeants ont été intéressés par ce projet. Au lieu de se gratter la tête et de tenir une réunion afin de savoir s'il était bien sage d'associer leur image à quelque chose d'aussi antihéroïque que la peur, ils ont immédiatement été enthousiasmés par l'idée.
« Tout le monde connaît la peur, et nous les premiers en tant que chefs d'entreprise, me dirent-ils. *Mais nous voulons faire passer le message que la véritable indépendance est en fait un état d'esprit ; que c'est la peur, plus que toute autre chose, qui asservit l'esprit. »*

Ce livre a son site : **www.sanspeur.ch**
et fait aussi partie d'un atelier de formation :
www.davidveenhuys.com

Contactez l'auteur si l'envie vous prend :
dv@davidveenhuys.com

Ce livre a été rédigé entièrement au masculin (par exemple, sans préciser « motivé-e »). Que nos lectrices n'y voient cependant aucune sorte de discrimination – il s'agissait seulement de faciliter la lecture !

Ce livre est dédié à mes deux anges :
Arthur et Charlotte

Ce livre parle de liberté

« *Si les anges peuvent voler, c'est qu'ils se prennent à la légère* », a écrit G. K. Chesterton.

Nous autres, commun des mortels, ne pouvons pas voler par nous-mêmes. Nous portons une lourde charge. Inquiétudes, peurs et anxiétés pèsent sur nos épaules et peuvent nous plaquer au sol.

Mais il existe des moyens pour réduire cette charge sur nos épaules. Ce livre propose sept mesures pratiques pour réduire la peur, des mesures qui sont à la portée de tout le monde. Et plus nous deviendrons légers, moins nous serons dépendants de toutes ces émotions sombres et limitantes, et plus nous serons libres de vivre nos rêves.

Ce livre parle d'espace

Ce livre parle de repousser nos inquiétudes, nos peurs et nos anxiétés, et de maintenir ces émotions négatives à distance…

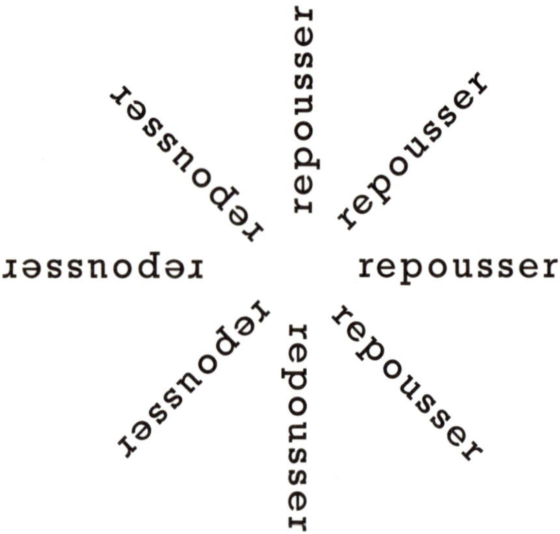

…en créant dans notre esprit un espace vital serein, au sein duquel nous ne sommes plus sous l'emprise de ces influences limitantes et libres de peser les options, puis de prendre la meilleure décision possible.

Et ce livre se veut...

...simple

S'il était compliqué, je ne le comprendrais pas moi-même. Ce livre s'adresse aux personnes qui trouvent que leur vie commence à être un peu morne et trop assujettie aux appréhensions et peurs quotidiennes Ce qui les intéresse, ce n'est pas tant de savoir ce qu'est réellement la peur, que de s'en libérer un peu afin de pouvoir rendre leur vie plus intéressante.
Après tout, la vie est faite pour être vécue !

...pratique

Ce livre s'articule autour de sept outils (ou « lois ») concrets, réalistes et éprouvés. Je n'ai pas « inventé une méthode », j'ai pris ce qui existait – des outils qui ont déjà aidé de nombreuses personnes à devenir plus libres de la peur et, ainsi, à mener une vie plus agréable.

...positif

Ce livre a pour postulat de base que la peur est censée nous protéger, pas nous rendre malheureux.
Elle est censée nous aider à éviter les problèmes, pas à nous y embourber ; nous aider à rire le plus possible et à pleurer le moins possible.

Ce que vous propose ce livre et où le trouver...

Pour rester concret, dans chacun des chapitres sur les sept outils ou « lois », vous trouverez les rubriques suivantes :

Oui, mais comment ?

Sous ce titre, vous trouverez une explication pratique, indiquant comment repousser la peur grâce à cet outil.

OK, donnez-moi un exemple !

Sous ce titre, vous trouverez un exemple concret clarifiant le « comment ».

L'indépendance est un état d'esprit

L'indépendance est

« L'indépendance » est un concept flottant

Elle ne se définit certainement pas par notre statut professionnel légal, qui divise en gros l'humanité entre « salariés » et « indépendants ».

Nombreux sont les « indépendants » qui se sentent très dépendants de leurs clients et des revenus que ceux-ci représentent – et qui vivent dans la peur de les perdre. Lors des attentats du 11 septembre 2001, beaucoup d'indépendants en ont instantanément ressenti le contrecoup tandis que leurs clients, dans le sillage de l'effondrement des tours et de la Bourse, suspendaient leurs projets et leurs commandes par peur du lendemain. De nombreux indépendants ont vu leur chiffre d'affaires dégringoler du jour au lendemain, et durent attendre pendant de longs mois d'angoisse un retour à la normale. Combien tous ces indépendants se sont-ils sentis dépendants d'événements imprévisibles et insensés survenus à des milliers de kilomètres !

Elle ne se définit pas non plus par l'état de notre compte en banque. Beaucoup de personnes à hauts revenus se sentent très dépendantes de leur salaire pour financer leur train de vie et vivent dans la peur de perdre leur emploi et leur statut social. Il leur arrive parfois de laisser libre cours à leur jalousie des

un état d'esprit

« indépendants » : « Ce doit être si merveilleux d'être libre comme l'air ! », affirment-elles. Dans ce cas, pourquoi donc ne se mettent-elles pas à leur compte ? « Ah ! mais, voyez-vous, c'est que moi, je ne peux pas me permettre de prendre un tel risque ! »

Un autre problème, avec la prétendue « indépendance financière », c'est qu'il s'agit d'une cible mouvante. Dès que nous approchons du but, de « la somme d'argent dont j'ai besoin pour être financièrement indépendant », la barre monte généralement d'un cran, de peur que, finalement, ce ne soit pas suffisant. Tout cela est très frustrant et, comme la frustration ne peut pas constituer une mesure de « l'indépendance », cette dernière ne peut pas se mesurer ni se définir en termes matériels.

La véritable indépendance ne peut donc qu'être immatérielle et intangible. Et comme tout ce qui est immatériel et intangible se situe dans notre esprit, la véritable indépendance ne peut que résider dans notre esprit.

Par conséquent, l'indépendance est en fait un état d'esprit.

L'indépendance est

Si vous recherchez la définition du mot *indépendance* dans le dictionnaire, vous trouverez généralement des descriptions tournant autour du thème « être libre de toute sujétion ».

Tout naturellement, vous allez donc feuilleter l'ouvrage jusqu'au mot « Sujétion » : « état de celui qui est soumis à un pouvoir, une domination, qui est réprimé, opprimé, enchaîné ».

Qu'est-ce qui pousse donc l'esprit à se sentir soumis à un pouvoir, dominé, réprimé, opprimé, enchaîné ? Si l'amour, aux tout premiers stades d'une relation, peut nous inspirer ce genre de sentiments, tout particulièrement si l'élu de notre cœur ne partage pas notre flamme, ce sont en réalité l'inquiétude, la peur et l'anxiété qui ont le pouvoir de nous infliger à long terme un tel état mental.

Alors, qu'est-ce qui peut libérer l'esprit de toutes ces formes de sujétion ? Nous ne pouvons pas nous débarrasser de nos peurs, c'est ainsi que nous sommes faits. Mais la peur ne devrait pas dominer notre vie, ou du moins pas plus que d'autres émotions telles que la joie ou l'amour.

Mais, bien souvent, la peur prend les rênes, au détriment de la joie et de l'amour, à tel point qu'elle peut nous empêcher de demeurer authentiques et de vivre en accord avec nos valeurs.

un état d'esprit

Pour « se libérer de la peur », il s'agit donc de parvenir à ce que celle-ci cohabite harmonieusement avec nos autres sentiments humains, de telle sorte qu'elle ne puisse pas submerger notre esprit et gouverner nos décisions.

L'indépendance est

« Tout est bruit pour qui a peur. »

Sophocle

un état d'esprit

La peur peut nous détourner alors que nous devrions prêter attention à des événements importants pour nous-mêmes ou pour notre entourage. Elle peut aussi nous pousser à donner crédit à des événements sans intérêt ou des attitudes imaginaires, et même influencer notre comportement au point de nous rendre méconnaissable.

Réflexions sur les peurs

Nos peurs

Les peurs sont des émotions liées à des menaces **spécifiques**, quelque chose que nous pouvons décrire et définir, par exemple la peur des chiens ou la peur de perdre son travail lorsque la restructuration de l'entreprise sera annoncée le mois prochain.

Les anxiétés sont des émotions **vagues** et désagréables, suscitées, par exemple, par un manque d'informations ou par des événements que nous n'avons pas pu accepter (comme avoir été injustement sermonné par notre supérieur hiérarchique).

La phobie est une forme sévère de la peur.

L'angoisse est une forme sévère de l'anxiété.

& anxiétés

(Ici, nous tirons un trait : ce livre ne traite ni des phobies ni des angoisses.)

Dans ce livre, nous allons parler des peurs et anxiétés de la vie de tous les jours. Parce qu'elles sont si courantes, ces peurs et anxiétés ont le pouvoir de semer la pagaille dans notre vie, de saper notre vitalité et de nous rendre lugubre, comme si nous nous déplacions en permanence nimbés d'un nuage noir. Assez de cela ! Brisons cette emprise qu'elles ont sur nous ! Et, pour plus de simplicité, utilisons à partir de maintenant sans distinction le mot « peur » pour les deux types d'émotion.

Nos peurs

D'où vient la peur ?

De nos immuables besoins humains à long terme.

Nous autres, habitants de ce monde, avons tous en commun les mêmes besoins, comme la sécurité, la santé, l'amour, et ainsi de suite. Mais notre esprit n'est jamais certain que nous allons vraiment obtenir ce que nous désirons et cette incertitude fait naître la peur.

De nos croyances.

Nous possédons tous un certain nombre de croyances, qui nous viennent de nos parents, de notre culture, de notre religion, de nos amis, des médias, des livres que nous avons lus… Tout élément venant perturber ces fondations que nous avons soigneusement érigées et sur lesquelles s'appuie notre mode de pensée, engendre une incertitude, laquelle donne naissance à la peur. Des événements spécifiques qui, selon nos croyances, pourraient conduire à une situation désagréable, engendrent aussi la peur.

et leurs sources

« J'ai acquis la certitude que toute peur prend racine dans le fait que nous avons été obligés de nier notre véritable nature. »

Frances Moore Lappe

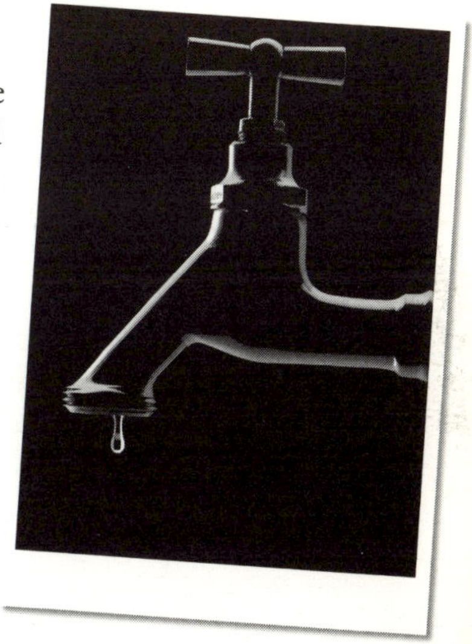

De notre inclination à comparer.
Nous avons toujours peur de quelque chose. La peur est liée à un objet ou un événement. La plupart du temps, c'est par comparaison que nous évaluons les individus, les objets ou les événements.
Par exemple, nous disons qu'il fait chaud, ou froid, parce que la température se situe à un certain nombre de degrés au-dessus ou au-dessous de zéro. La comparaison – plus, moins, mieux, pire, trop, pas assez – engendre la peur.

Nos peurs

De notre processus de pensée habituel.
Notre processus de pensée consiste à tirer les leçons du passé et à exploiter ce savoir afin de mieux gérer l'avenir. La plupart de nos pensées et de nos actions sont orientées vers le passé ou vers l'avenir. La peur est tapie dans les expériences douloureuses d'autrefois que nous projetons dans l'avenir, redoutant qu'elles ne se reproduisent. Ainsi, la peur est recyclée en permanence.

D'un manque d'harmonie au sein de notre système de guidage interne.
Notre système de guidage interne est constitué de nos valeurs et de nos croyances. Tout conflit entre ces valeurs et/ou croyances affaiblit ce système, ce qui nous fait perdre nos repères et engendre la peur.

et leurs sources

Oh ! et juste au cas où vous vous poseriez la question, la partie du cerveau qui fabrique et traite le sentiment de la peur se trouve, croit-on, dans les neurones de l'amygdale, une petite structure en forme d'amande située à l'avant de l'hippocampe.

De nos manières habituelles de gérer la peur.

Face à la peur, nous cherchons généralement à nous en débarrasser, à l'ignorer, à la fuir, ou à lui imposer le silence. Comme nous le verrons dans un moment, aucune de ces méthodes ne fonctionne : au bout du compte, elles ne font que renforcer la peur.

Nos peurs font partie

Par une belle journée sans nuage vous pouvez observer vos peurs.

Nous avons tous peur de quelque chose : l'altitude, le manque d'argent, la précarité de l'emploi, les bruits dans la nuit… peu importe.

Vous pouvez observer ces peurs et évaluer leur intensité : certaines vous effraient plus que d'autres. Par ailleurs, si vous parlez de la peur avec d'autres personnes, vous remarquerez certainement que ce qui vous effraie, vous, ne leur fait à elles ni chaud ni froid, et inversement. Rentrer chez soi à pied, seul, au beau milieu de la nuit et croiser dans une allée sombre un jeune gaillard tatoué, vêtu de cuir et de métal, accompagné d'un chien qui tire sur sa laisse – cette situation va peut-être me terroriser, tandis que vous allez simplement penser joyeusement : « Tiens, voilà le petit-cousin Édouard qui promène Médor ! »

Nos peurs sont donc une question d'observation et d'interprétation personnelles.

de nous !

Sommes-nous – nous la personne qui dit « J'ai peur » – différent en quoi que ce soit des choses observées et dont nous avons peur ?
Les peurs existent dans l'esprit.
Dans **notre** esprit.

Les peurs font partie de nous.

Nos peurs faisant partie de nous, nous ne pouvons ni les fuir, ni les ignorer, car nous ne pouvons pas nous fuir nous-mêmes.

Toute tentative en ce sens est vouée à l'échec, et cet échec ne fera que nous focaliser encore davantage sur nos peurs jusqu'à ce qu'elles finissent par gouverner notre vie.

En définitive il n'existe

La peur n'est que l'un de nos sentiments humains, parmi bien d'autres comme la joie, l'amour, etc.

Prenez un sentiment comme la joie : plusieurs événements peuvent vous rendre joyeux : regarder vos enfants jouer, recevoir un compliment, danser lors d'une soirée mémorable… Ces événements extérieurs vous touchent intérieurement et vous donnent de la joie. Vous pouvez aussi donner de la joie aux autres, par exemple en faisant une plaisanterie, en écrivant une histoire drôle, en disant à votre partenaire que vous l'aimez.

Des choses extérieures peuvent vous donner de la joie et vous pouvez aussi en donner à autrui. La joie peut être débordante ou discrète mais, en essence, c'est un seul et même sentiment qui s'exprime de différentes manières.

Par conséquent, il n'existe qu' 1 joie.

« Même ce que vous redoutez le plus n'a aucun pouvoir ; ce qui a du pouvoir, c'est votre peur. »

Oprah Winfrey

qu'une seule peur !

Il en va de même pour la peur.

Nous avons beaucoup de « peurs de » (peur de l'altitude, du manque d'argent, etc.), et celles-ci peuvent s'exprimer différemment, par exemple de manière débordante ou discrète.

Mais, en essence, la peur est un seul et même sentiment qui s'exprime de diverses manières.

Ainsi, nos « peurs de » peuvent se comparer aux **branches** d'un arbre, tandis que la peur par elle-même, en tant qu'émotion, serait le **tronc** et les **racines** de cet arbre.

Nous pouvons essayer de couper une branche en éliminant l'une de nos « peurs de » mais, à la racine, la peur est toujours là et d'autres branches pourraient bien ne pas tarder à se développer à la place de la première.

Les peurs sont de bons

Mieux se connaître exige d'être prêt à mieux connaître la peur.

« La peur est une question : de quoi avez-vous peur, et pourquoi ? Tout comme le germe de la santé réside dans la maladie, parce que la maladie contient des informations, vos peurs, si vous les explorez, sont une mine d'informations sur vous-même. »

Marilyn Ferguson

Par exemple, ne pas nous accepter et chercher à créer une autre image de nous-mêmes pour notre entourage engendre un sérieux déséquilibre interne et des problèmes d'authenticité – ce qui déclenche un signal d'alarme, sous la forme, par exemple, d'un sentiment de malaise. De fait, l'une des principales causes de la peur tient à ce que nous ne voulons pas nous voir tels que nous sommes.

indicateurs pour
le développement de soi

Lorsque nous cherchons à comprendre qui nous sommes et comment nous fonctionnons, notre peur, et tout particulièrement ses diverses manifestations (nos « peurs de »), sont d'excellents indicateurs nous montrant où chercher afin de mieux nous connaître.

Le développement de soi exige donc que nous laissions nos peurs nous montrer la voie.

Pourquoi devons-nous

La peur se tient souvent sur une frontière ténue entre positif et négatif,

entre l'aide et le handicap.

nous soucier de la peur ?

La peur peut être positive, et nous permettre d'agir afin d'éviter un réel danger.

Mais quand la peur outrepasse sa fonction de signal d'alarme, envahit notre esprit et interfère avec notre sentiment de bien-être, elle peut devenir l'un de nos plus gros problèmes, pour nous-mêmes aussi bien que pour ceux qui partagent notre vie. Un esprit sous l'emprise de la peur vit dans la confusion, le conflit et, bien souvent, la colère. Quand la peur frappe, nous n'osons pas nous écarter de nos schémas de pensée habituels et devenons ennuyeusement conventionnels.

La peur peut s'insinuer lentement en nous, sans que nous n'en ayons conscience. Les expériences négatives, qui surviennent inévitablement un jour ou l'autre, peuvent s'ancrer dans notre esprit, être recyclées et projetées dans l'avenir. Quand cette charge accumulée devient trop lourde à porter, notre esprit épuisé prend peur. Et quand la peur devient permanente, elle perd son utilité : de signal d'alarme, elle devient essentiellement un douloureux trouble-tête – pardon, trouble-fête.

Voyez la différence

Nager est amusant et relaxant quand nous avons la tête hors de l'eau et respirons facilement. :

La peur est aussi naturelle dans notre vie que l'eau l'est pour nager...

Mais quand nous luttons et avons de l'eau plein le nez, la situation peut rapidement tourner à la panique.

...mais quand elle nous submerge, en un instant, ce n'est plus drôle du tout.

Repoussez...

la peur mais en douceur !

Si nous avons le sentiment que la peur domine progressivement notre vie, cela signifie qu'elle est en train de quitter sa place naturelle pour se ramifier et nous submerger. Pour mieux cerner notre peur et savoir comment la repousser, nous devons faire preuve de **curiosité, de patience, de fermeté et de compassion**. Car c'est de nous-mêmes que nous parlons ici, pas de quelque menace extérieure qu'il faut « gérer », « maîtriser », « éliminer » ou autrement « dompter ».

Et comme il n'existe qu'une seule peur, si nous nous contentons d'en étudier les détails ou de traiter une par une nos « peurs de », nous ne parviendrons jamais à l'essentiel, c'est-à-dire apprendre à vivre avec la peur. Quand nous prenons conscience que nous devons cohabiter avec la peur, il est plus fructueux d'entretenir une bonne relation avec elle que de la considérer comme un ennemi.

La peur est un partenaire à long terme qui s'efforce de nous protéger ; mieux vaut donc la voir comme un compagnon qui, à l'occasion, peut devenir pénible et doit être remis à sa place, mais qui constitue plus généralement un ami porteur de cadeaux et riche d'enseignements.

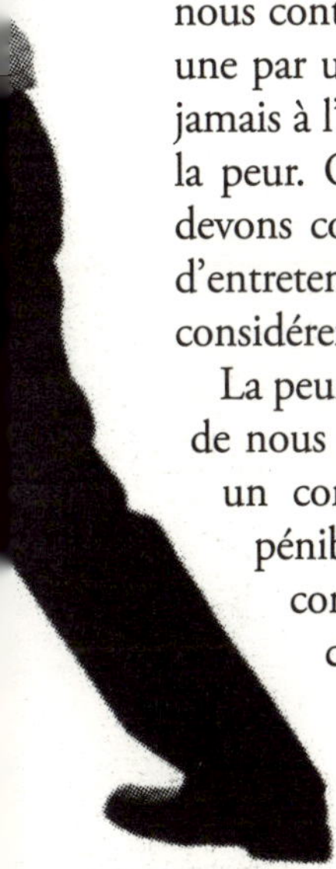

Notre système de guidage interne

Nous possédons tous un système de guidage interne qui nous dit ce qui est bien et ce qui est mal.
Ce « GPS » intérieur est constitué de nos valeurs et de nos croyances. Tout conflit entre nos valeurs et/ou nos croyances affaiblit ce système et nous fait perdre nos repères – ce qui engendre la peur.

Notre système

Les composants de notre système de guidage interne

Notre système de guidage interne est constitué de deux éléments clés : nos **valeurs** et nos **croyances**.

Les **valeurs** sont les fondements de la condition humaine, ce sont elles qui donnent du sens à notre vie et déterminent nos priorités et nos choix. Elles sont ce que nous jugeons bien ou mal, bon ou mauvais, souhaitable ou indésirable. Ensemble, elles définissent notre identité, ce que nous représentons, ce que nous prônons. Les valeurs sont au cœur de notre tournure de pensée et de notre comportement.

Nos **croyances** gravitent autour de nos valeurs.

Les croyances sont nos postulats à propos de nous-mêmes et du monde qui nous entoure. Les croyances ont trait à ce que nous pensons être vrai, à notre idée de ce qu'il va résulter de notre comportement. Elles proviennent de diverses sources comme notre culture, nos parents, nos amis, ce que nous lisons dans la presse, etc.

La principale différence entre nos valeurs et nos croyances réside dans le fait que nos valeurs changent peu et lentement au fil du temps, tandis que nos croyances peuvent facilement varier après une expérience marquante.

de guidage interne

Nos valeurs se trouvent au cœur de tout ce qui nous guide et nous motive dans la vie. Nos croyances gravitent autour de nos valeurs et, ensemble, elles forment notre système de guidage interne.

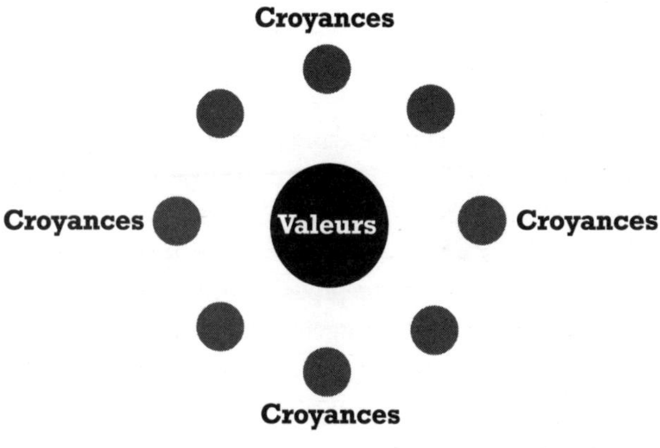

Ce qui peut court-circuiter notre système de guidage interne

Deux types de conflit peuvent interférer :

1 Un conflit entre nos valeurs.
En principe, nous classons tous, inconsciemment, nos valeurs en fonction de l'importance que nous leur accordons.

Ainsi, chaque valeur occupe un rang spécifique et unique dans cette hiérarchie. Si nous faisons cela, c'est pour éviter les conflits entre nos valeurs, car certaines peuvent être contradictoires. Deux de vos valeurs pourraient, par exemple, être « l'indépendance » et « la sécurité financière ». Si l'indépendance occupe un rang plus élevé que la sécurité financière dans votre échelle de valeurs, vous allez pouvoir créer votre entreprise en dépit des inquiétudes suscitées par votre désir de sécurité financière. Mais si c'est la sécurité financière qui occupe un rang plus élevé, vous allez probablement y renoncer, car votre peur de manquer d'argent serait prédominante.

Le conflit survient lorsque nous ne sommes pas en mesure de déterminer la position de certaines valeurs dans cette hiérarchie.

À un moment ou un autre, ces deux valeurs vont se contredire ; nous interrogeons notre système de guidage interne qui répond : « Je ne sais pas », et cesse de fonctionner.

de guidage interne

2 Un conflit entre nos valeurs et nos croyances.

Nos croyances peuvent s'opposer à des valeurs profondément ressenties et créer ainsi le sentiment que nous ne pouvons pas vivre en accord avec elles. Or, nous ne pourrons jamais être heureux et motivé, libéré de la peur, si nous ne pouvons pas vivre dans une grande mesure conformément à nos valeurs. Là, ce n'est pas la peur qui suscite cette impossibilité, mais plutôt l'inverse. Si, pour quelque raison, nos valeurs et nos croyances ne sont pas accordées et ne marchent pas main dans la main, notre système de guidage interne tombe en panne, nous perdons nos repères et la peur fait irruption.

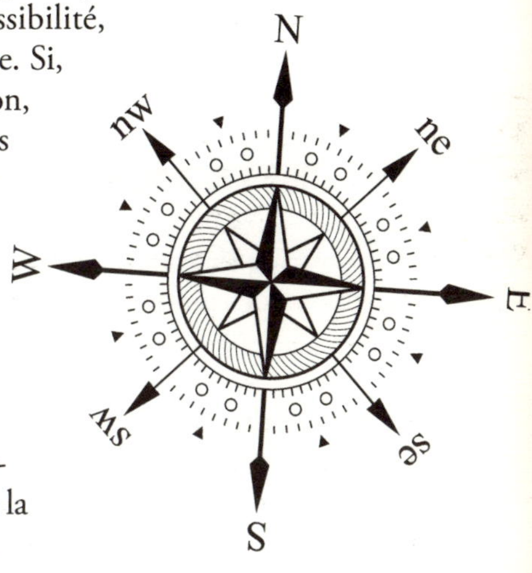

Notre système

Un conflit interne sape nos désirs et notre motivation – et provoque la peur.

Valeurs & Croyances : en conflit

↓ Quand nos valeurs et nos croyances s'opposent, nous ressentons des émotions contradictoires et ne savons plus vers où nous diriger.

Désirs : flous

↓ Il s'ensuit que nos désirs sont confus et que nous ne parvenons pas à savoir ce que nous voulons.

Motivation : faible

↓ Ces désirs flous et insatisfaits ne cessent de tourner dans notre tête et engendrent un sentiment d'insatisfaction – d'où une faible motivation.

Peur : provoquée

Manquer de motivation et se sentir insatisfait n'a rien de confortable et, tôt ou tard, la peur va faire son apparition.

de guidage interne

Valeurs & Croyances : en phase

↓

Quand nos valeurs et nos croyances sont en harmonie et se soutiennent mutuellement, nos désirs s'éclaircissent peu à peu et prennent de la force.

Désirs : nets

↓

Comme nous nous sentons en harmonie avec nous-mêmes, une force intérieure se développe et nous serons très motivés pour concrétiser ces désirs.

Motivation : forte

↓

Nos peurs resteront tapies quelque part, mais seront gardées à distance par le sentiment intérieur que nous faisons ce qui est bien pour nous.

Peur : repoussée

« La nuit dernière les loups ont hurlé sur les steppes de mon âme. »

Christiane Singer

7 lois pour repousser la peur

La seule bonne raison, à mon sens, de lire un livre sur la peur, c'est d'y trouver des conseils pratiques pour la gérer, des conseils réalistes et à la portée de tous.

Fournir ces conseils – voici ce que je me suis efforcé de faire dans les pages qui suivent, ayant moi-même entretenu une étroite relation avec la peur durant la plus grande partie de ma vie. Ces sept outils ne sont pas forcément à appliquer dans cet ordre et ne constituent pas sept manières différentes de gérer la peur. Ils visent plutôt à constituer, conjointement, une approche globale qui, je l'espère, vous sera de quelque utilité.

Mais avant de commencer, voici une citation à garder à l'esprit, illustrant l'attitude à adopter sur le chemin qui mène à une vie moins chargée de peur :

« Pour utiliser la peur comme l'amie qu'elle est, nous devons nous rééduquer, nous reprogrammer. Nous dire en permanence et avec beaucoup de persuasion que la peur est là, avec ses cadeaux – l'énergie et une conscience plus élevée – pour que nous puissions donner le meilleur de nous-mêmes et tirer le plus d'enseignements possible de la nouvelle situation. »

Peter McWilliams

1. Réaffirmez vos valeurs

Suggestion de musique à écouter pour ce chapitre : *Gibraltar*, Abd al Malik dans *Gibraltar*.

Loi 1. Réaffirmez

Nos valeurs sont au cœur de notre système de guidage interne. Ce sont les rigoureux paramètres qui nous permettent de donner le meilleur de nous-mêmes.
Si nous ne respectons pas nos valeurs, cela pourrait, par exemple, avoir les conséquences suivantes :

1. Nous allons commencer à ne plus nous respecter.
Ne pas respecter nos valeurs signifie que nous ne nous respectons pas nous-mêmes. Un manque de respect de soi affaiblit notre confiance en nous-mêmes.

2. Nous trouverons peu de sens à ce que nous faisons.
Quelles que puissent être les rétributions financières et les marques de reconnaissance que nous prodigue l'extérieur, si nous allons à l'encontre de nos valeurs, nos actions nous apporteront peu de satisfaction et nous serons peu motivés.

3. Nous nous sentirons stressés.
Se sentir « vides » et insatisfaits n'est pas un état d'esprit naturel ; nous serons donc perturbés, malheureux, angoissés.

4. Nous nous sentirons rejetés et pas aimés.
Ne vivant pas en accord avec nos valeurs, nous ne nous aimerons pas et nous nous rejetterons ; nous soupçonnerons donc les autres de ne pas nous aimer et de nous rejeter.

5. Nous vivrons dans un brouillard de confusion et d'indécision que nous avons nous-même créé.
N'ayant aucun repère, nous ne saurons pas vers où nous tourner pour trouver un peu de bien-être. Aucune voix intérieure ne sera là pour nous orienter et nous n'aurons aucune direction à suivre…

---

et la peur commencera à gouverner notre vie !

Loi 1. Réaffirmez

Déterminez donc vos valeurs fondamentales et leur hiérarchie. Puis articulez le plus possible votre vie autour d'elles

« N'acceptez aucun compromis.
Vous êtes tout ce que vous avez. »
Janis Joplin

Oui, mais comment ?

Pour déterminer vos valeurs.

1. Prenez une feuille de papier et dressez une liste des choses que vous avez faites au cours de votre vie et que vous jugez importantes et représentatives de votre personnalité – sur le plan professionnel et privé, récemment ou plus anciennement, disons à partir de vos quinze ans.

2. Sur une autre feuille de papier, écrivez en haut, en titre, l'une de ces choses.

3. Puis posez-vous la question :
« Pourquoi ai-je fait cela ? En quoi cela était-il important pour moi ? »

4. Écrivez vos réponses sur cette deuxième feuille de papier.

vos valeurs

5. Prenez chaque réponse, ou les plus significatives, et demandez-vous à nouveau : « Et cela, pourquoi était-ce important pour moi ? »

6. Pour chacune de ces nouvelles réponses, posez-vous encore la question : « Et cela, pourquoi était-ce important pour moi ? »

7. Continuez, encore et encore, poussez-vous dans vos derniers retranchements, jusqu'à ce que vous vous heurtiez à un mur, que vous ne puissiez plus aller plus loin, et seulement vous répéter ou hausser les épaules en disant… « **Parce que !** »

Là, vous venez de toucher du doigt une valeur fondamentale !

8. Continuez de la même manière à déterminer vos valeurs fondamentales jusqu'à ce que vous soyez à court d'événements à explorer, ou de raisons à donner. Puis déterminez la hiérarchie de vos valeurs, en comparant l'importance que revêt chacune d'entre elles par rapport à toutes les autres.

Loi 1. Réaffirmez

OK, donnez-moi un exemple !

« Il y a vingt ans, j'ai créé ma propre entreprise. »

**« Pourquoi ?
En quoi était-ce important pour moi ? »**

« Parce que je voulais être libre. »

**« Pourquoi est-il important
pour moi d'être libre ? »**

« Pour pouvoir décider librement de ce que je vais faire, au lieu d'être sous les ordres de quelqu'un d'autre. »

« Pourquoi est-il important pour moi de n'avoir personne d'autre pour me commander ? »

« Pour pouvoir mieux maîtriser ma vie. »

↓

« Pourquoi est-il important pour moi de pouvoir mieux maîtriser ma vie ? »

↓

« Humm !... Ben... Heu... »

↓

Là,

je viens de toucher du doigt une valeur fondamentale : maîtriser ma vie.

Loi 1. Réaffirmez

OK, donnez-moi un exemple !

Établir une hiérarchie entre vos valeurs

Les valeurs que vous allez finir par déterminer ne sont pas forcément toutes « éthiques ». Ce sont les éléments clés qui constituent les moteurs de votre vie. Par exemple, si c'est l'argent qui vous motive, afin de vous assurer ainsi qu'aux vôtres un certain train de vie – et bien, soit !

Supposons que vous avez déterminé les valeurs suivantes :

A : sécurité
B : créativité
C : maîtrise
D : santé
E : se réaliser
F : authenticité
G : solidarité
H : partager
I : justice
J : indépendance

Il existe, vous en conviendrez, de nombreuses possibilités de conflits entre ces valeurs, par exemple entre la « sécurité » et « l'indépendance ».

Pour éviter de tels conflits, vous devez hiérarchiser très clairement vos valeurs.

vos valeurs

Pour établir une hiérarchie entre vos valeurs, comparez systématiquement chacune d'entre elles à toutes les autres : A par rapport à B, puis à C, et ainsi de suite, en vous demandant chaque fois : « Laquelle est la plus importante pour moi ? »

Puis comparez B à C, puis D, etc., et continuez ainsi jusqu'à ce que vous ayez comparé toutes vos valeurs entre elles. Vous connaîtrez ainsi l'importance de chacune par rapport aux autres.

2. Familiarisez-vous avec la peur

Suggestion de musique à écouter pour ce chapitre : *Peur de moi*, Patrick Bruel dans *S'laisser aimer*.

Loi 2. Familiarisez-vous

Lorsque nous nous savons capables de faire face à l'inattendu, nous pouvons faire face à la peur.

La peur n'est pas un partenaire bienvenu dans notre vie ; la plupart du temps, nous faisons de notre mieux pour l'éviter, parce que nous ne voulons rien avoir à faire avec elle.

Or, quand on ne connaît pas la peur qui accompagne une situation critique, il est plus difficile de garder la tête froide et de surmonter cette crise. La peur, qui entrave notre pensée, nous empêche de prendre rationnellement nos décisions, devient un danger supplémentaire que nous ajoutons nous-mêmes aux dangers inhérents à la situation.

La peur vient de la croyance que nous serons incapables de gérer une situation critique lorsque celle-ci se présentera. Si nous pensons qu'une crise grave pourrait très bien survenir à un moment ou un autre de notre vie, il est utile de nous familiariser avec la peur afin de nous préparer au mieux à ce que l'avenir peut nous réserver.

avec la peur

« Je n'ai pas peur des tempêtes,
car j'apprends à diriger mon bateau. »
Louisa May Alcott

Loi 2. Familiarisez-vous

La peur de l'inconnu

Comme, la plupart du temps, la crise que nous anticipons ne se produit pas, nous ne sommes que rarement en mesure de tester notre capacité à gérer avec succès une situation critique. Si nous en avions la possibilité, nous aurions bien plus confiance en nous-mêmes, et donc moins peur. L'inconnu suscite la peur. La partie de notre esprit qui a pour tâche de nous protéger du danger n'aime pas l'inconnu, car il lui est impossible d'évaluer l'intensité du danger qui nous guette et elle suppose donc le pire.

Pour acquérir le sentiment confortable que nous serons capables de gérer une éventuelle crise future, nous devons nous entraîner à ressentir la peur et y faire face avec succès. Les expériences qui ont le plus d'impact sur nous à long terme sont celles dans lesquelles nous avons réussi à remettre en question des croyances limitantes qui ne soutenaient pas nos valeurs.

Comment détecter une telle croyance ? Chaque fois que nous nous surprenons à dire *« Je ne peux pas faire cela »*, *« Je ne suis pas assez bon pour y parvenir »*, ou encore *« Il ne faut pas faire cela »*, cette pensée peut indiquer une croyance limitante. Cette dernière est peut-être fondée, mais peut-être pas. Il serait intéressant d'en avoir confirmation. Nous avons tout intérêt à découvrir, le cas échéant, qu'il n'en est pas forcément ainsi, car cela nous libère de restrictions que nous nous imposions à nous-mêmes – et donc élargit considérablement notre champ de possibilités.

avec la peur

Mais attention !
Un inconnu peut en cacher un autre !

« Il existe des connus connus. Ce sont les choses que nous savons savoir. Il existe des inconnus connus. En d'autres termes, il y a des choses que nous savons ne pas savoir. Mais il existe aussi des inconnus inconnus – des choses que nous ne savons pas ne pas savoir. »
Donald Rumsfeld

Loi 2. Familiarisez-vous

Oui, mais comment ?

Mettez-vous à l'épreuve à peu près une fois par an. Engagez-vous à faire quelque chose qui vous semble très difficile, mais qui, si vous réussissez, sera réellement très bon et positif pour vous.

Pour vous familiariser avec la peur, faites-lui face ; plongez et prenez l'engagement de faire quelque chose qui, à vos yeux, ne sera pas facile et suscitera ainsi dans votre esprit la peur d'échouer ou d'être ridicule. Pour trouver une telle tâche, mettez vos croyances au défi. Laissez-vous une chance raisonnable de réussir, mais seulement si vous allez au bout de vos possibilités connues. En d'autres termes, laissez-vous une bonne chance d'échouer.

Limitez les dégâts éventuels en cas d'échec – arrangez-vous pour perdre la face uniquement devant un nombre limité de personnes, ou ne pariez pas une trop grosse somme d'argent – mais fixez-vous une pénalité au cas où vous échoueriez.

avec la peur

« Faites chaque jour quelque chose qui vous effraie. »
Eleanor Roosevelt

Puis faites en sorte de ne pas pouvoir reculer ou vous dégonfler au dernier moment, par exemple en annonçant publiquement votre intention, ou en demandant 50 % d'avance à un client qui vous a confié un travail. Ainsi, vous brûlez les ponts derrière vous et ne vous laissez aucun autre choix qu'aller de l'avant.

Maintenant, vous êtes mentalement « gonflé à bloc » – l'adrénaline va déferler dans vos veines, l'idée d'échouer va vous rendre les mains moites. Autrement dit, vous êtes maintenant dans un état mental adéquat pour donner le meilleur de vous-mêmes. Cela renforce vos chances de réussir, et il y a fort à parier que vous réussirez.

Le fait d'avoir surmonté une situation critique dans des conditions contrôlées vous donnera confiance, vous laissera présager que vous pourriez probablement gérer une crise grave et inattendue si tel devait être le cas (touchez du bois !) – et cela vous aidera à restreindre votre peur de l'inconnu. Comme l'écrivit Mao Tsé-toung : « Toute connaissance directe provient d'une expérience directe. »

Loi 2. Familiarisez-vous

OK, donnez-moi un exemple !

Imaginez que vous êtes photographe amateur. La photographie est importante pour vous, c'est un moyen de vous exprimer autrement que dans votre métier. Vos amis adorent vos photos et il arrive que vous leur en offriez une. Ils vous encouragent à aller plus loin mais vous leur riez au nez, disant que vous n'êtes pas assez bon. Ils vous rétorquent que vous vous sous-estimez et que vous devriez, au moins une fois, organiser une exposition de vos photos. Vous refusez. Tout d'abord, l'idée de vouloir exposer vos photos vous semble vaniteuse et totalement excessive – et, de toute façon, même si par extraordinaire une galerie acceptait d'exposer vos œuvres, vous n'auriez jamais assez de choses intéressantes à accrocher aux murs.

Vos amis et votre famille vous font remarquer qu'il y a justement une galerie adéquate dans votre petite ville. Elle est subventionnée par la municipalité et a pour mission de faire découvrir les talents locaux. Les conseillers municipaux qui dirigent bénévolement cette galerie sont toujours à la recherche d'artistes locaux désireux d'exposer leurs créations.

avec la peur

Profitez de ces encouragements, contactez la galerie. Si ses responsables jugent que vos photos méritent d'être exposées, allez-y. Engagez-vous à réaliser cinq nouvelles photos, afin d'avoir suffisamment de matière pour couvrir les murs. Informez tous vos amis et invitez-les au vernissage. Invitez aussi la presse locale. Faites tout ce que vous pouvez pour vous engager et vous empêcher de renoncer par un simple coup de téléphone aux responsables de la galerie. Sentez la peur monter au fur et à mesure que les jours passent ; passez par toutes les couleurs de l'arc-en-ciel, le sang au court-bouillon, la veille du vernissage – et jouissez de votre triomphe ! Vous avez tout fini à temps, et c'est une pluie de compliments…

3. Créez-vous un espace sans peur

Suggestion de musique à écouter pour ce chapitre : *Om*, dans *Music for deep Meditation*.

Loi 3. Créez-vous

Dans le moment présent il n'existe nulle peur ; c'est le fait de penser au passé ou à l'avenir qui crée la peur.

En ce moment précis, là, maintenant, vous n'avez pas peur. Ou bien vous êtes plongé dans un problème et trop occupé à chercher à le résoudre pour ressentir la moindre peur, ou bien vous n'avez aucune raison d'avoir peur.

Cependant, au-delà de la conscience du moment présent, une partie de notre esprit est en train de songer, consciemment ou non, à ce qu'il pourrait bien se passer dans l'avenir, ou à quelque chose du passé qui pourrait nous rattraper dans l'avenir. Ainsi, c'est la pensée qui crée la peur. Nous avons peur lorsque nous pensons au passé et à l'avenir.

Quand nous sommes confrontés à quelque chose d'immédiat, par exemple un problème sérieux qui requiert une action instantanée, nous n'éprouvons aucune peur. Nous ressentons la peur après coup, lorsque nous pensons à ce qui aurait pu arriver. Et, plus tard, nous allons peut-être redouter que cela ne se reproduise un jour ou l'autre.

un espace sans peur

« Dès lors que l'homme est pris dans un événement, il cesse d'avoir peur. Seul l'inconnu effraie l'homme. »
Antoine de Saint-Exupéry

Minimiser la peur consiste donc à se tenir autant que faire se peut dans le moment présent. C'est là que nous œuvrons et vivons sans peur, nous concentrant sur la tâche en cours. Le passé n'est plus là, et l'avenir n'est pas encore là : le présent est donc le seul moment où nous vivons véritablement notre vie. C'est le seul moment où nous pouvons profiter de tout ce que la nature nous a donné et aller jusqu'au bout de nos possibilités. Ce n'est pas un moment à gâcher par de vaines pensées à souhaiter ou redouter quelque chose.

Loi 3. Créez-vous

La question est donc : comment faire pour que l'esprit se concentre sur le moment présent ?

La pensée, comme la mémoire, est indispensable à la vie quotidienne. La mémoire est formée par tout ce que nous avons fait et appris jusque-là. À partir de ce bagage, nous réagissons – et cette réaction est la pensée.

La pensée est essentielle sur de nombreux plans, mais pas tout le temps. Quand les pensées vagabondent sans but du passé au futur, créant peur et défiance dans leur sillage, nous devons être capables de dire « Stop ! ».

Toutefois, l'une des fonctions que nous avons attribuées à la pensée est d'occuper l'esprit. Ne pas penser crée un vide, nous contraignant à nous regarder tels que nous sommes – ce que nous ne sommes pas forcément capables ou désireux de faire. Cette vacuité, c'est aussi un inconnu et, à moins de nous être familiarisé avec lui, l'inconnu nous fait peur. La pensée recouvre ce vide et nous permet fort commodément de passer le temps jusqu'à ce que nous nous rendormions.

un espace sans peur

« Le secret de la santé, de l'esprit comme du corps, consiste à ne pas pleurer le passé ni s'inquiéter du futur, mais à vivre le moment présent avec sagesse et sincérité. »

Bouddha

Nous ne pourrons jamais vivre exclusivement dans le présent en neutralisant nos pensées. Et même si nous le pouvions, ce ne serait pas souhaitable. En revanche, nous pouvons entraîner l'esprit à faire une pause lorsque nous disons « Stop ! » et, durant ce temps d'arrêt, repousser nos peurs et nous en détacher.

Loi 3. Créez-vous

Oui, mais comment ?

Loi A

À appliquer immédiatement lorsque survient une situation très critique et que vous sentez la panique monter lentement en vous ; **plongez-vous en vous-même et demandez-vous : « As-tu peur en cet instant précis ? »**

La réponse va immédiatement fuser : *Non, pas en ce moment précis, pas à l'instant, mais je sens que cela va bientôt venir !!!*

Dans la foulée, dites-vous immédiatement à vous-même : *Stop ! Ça, c'est dans le futur, ne pense pas au futur, concentre-toi seulement sur maintenant !* puis posez-vous de nouveau la question : *As-tu peur en cet instant précis ?*

Là encore, la réponse va fuser : *Non, pas en ce moment précis, mais je sens que cela va bientôt venir !!!* Alors, dites-vous de nouveau : *Stop ! Ne pense pas au futur, concentre-toi seulement sur maintenant !*

un espace sans peur

« Dans ce moment de panique, je n'ai peur que de ceux qui ont peur. »

Victor Hugo

Recommencez ainsi encore et encore afin d'occuper votre esprit, pour le retenir et l'empêcher de s'enliser dans le futur et d'être gagné par la panique.

Au bout d'un moment, vous sentirez que vous pouvez progressivement ralentir ce jeu de questions et réponses, jusqu'à ce que, tout à coup, vous réalisiez que vous n'avez plus peur du tout.

Loi 3. Créez-vous

OK, donnez-moi un exemple !

Imaginez que vous vous trouvez confronté à une épreuve, par exemple passer une IRM (Imagerie par Résonance Magnétique) afin de vérifier si vous avez une tumeur maligne.

Bien sûr, vous vous inquiétez du résultat et vous n'êtes pas arrivé à l'hôpital d'humeur guillerette. Jusque-là, vous n'avez pas eu peur, vous étiez trop occupé à écouter les instructions et à vous préparer. Mais maintenant, vous voilà étroitement sanglé sur le plateau de la machine et vous glissez lentement dans le tunnel.

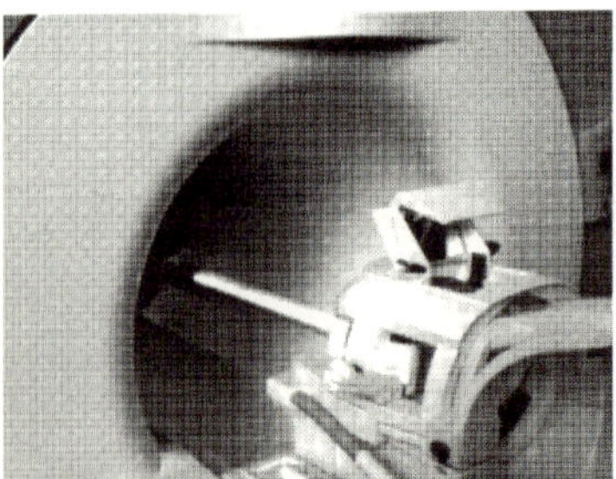

Vous sentez le tunnel tout autour de vous et, malgré le casque qu'on vous a mis sur les oreilles, vous commencez à entendre des cognements, des cliquetis, des claquements… On vous a sanglé pour vous empêcher de bouger, et vous commencez à vous sentir enfermé et oppressé.

un espace sans peur

Votre esprit se met à bouillonner, vous sentez que vous allez être de plus en plus oppressé et qu'il va arriver un moment où vous allez peut-être vouloir sortir de ce tunnel – mais vous ne le pourrez pas puisque vous êtes sanglé, et que se passera-t-il s'ils ne vous entendent pas, vous-même vous pouvez à peine vous entendre dans tous ces bruits, et alors vous serez complètement piégé et vous allez devenir fou… et peu à peu, un sentiment de panique commence à vous envahir… Vous devez intervenir et dire à votre esprit : *Stop, et tout de suite !*

Maintenez votre esprit furieusement occupé en le bombardant des mêmes questions et réponses. Même si, lorsque vous vous demandez : *En cet instant précis, as-tu peur ?* la réponse fuse : *Non, pas en cet instant précis, mais je sens fichtrement bien que cela va venir, alors fais quelque chose !*, dites-vous immédiatement : *Stop ! Ça, c'est dans le futur, ne pense pas au futur, concentre-toi seulement sur maintenant !* puis posez-vous de nouveau la question : *As-tu peur en cet instant précis ?*

Au bout d'un moment vous pourrez ralentir. Si la panique revient, recommencez les questions et réponses jusqu'à ce que votre sentiment de peur se retire peu à peu et que vous vous sentiez de nouveau en paix.

Loi 3. Créez-vous

Oui, mais comment ?

Loi B

À appliquer à long terme afin d'engendrer le détachement de la peur : **pratiquez la méditation.**

Parmi tout ce que vous pouvez faire pour repousser la peur, la méditation est probablement l'outil le plus puissant – et un outil qui a fait ses preuves. Pour commencer, le plus simple est de pratiquer une méditation concentrée sur le souffle.

1. Choisissez un endroit confortable et veillez à ne pas être dérangé en coupant le téléphone et en avertissant les membres de la maisonnée.
2. Vous pouvez vous asseoir dans n'importe quelle position qui vous paraît confortable, par exemple dans un fauteuil, (la posture du lotus, les jambes croisées, n'a rien d'impératif) mais gardez le dos bien droit et veillez à ne pas vous avachir afin de ne pas vous endormir.
3. Fermez les yeux et posez les mains sur vos cuisses, paumes vers le haut ou le bas, comme vous préférez.
4. Tournez votre attention sur votre respiration. Respirez naturellement et essayez de sentir votre souffle entrer dans vos narines et en sortir. Concentrez-vous sur cette sensation, à l'exclusion de toute autre chose.

5. Vous remarquerez que votre esprit fourmille toujours de pensées, comme sous le coup d'une averse de grêle dans laquelle chaque grêlon représenterait une pensée qui vous traverse l'esprit. Résistez à la tentation de les suivre et restez concentré sur votre respiration. Essayez de vider votre esprit de toute pensée.

6. Si vous vous apercevez que votre esprit vagabonde, revenez à votre respiration. Revenez-y autant de fois que nécessaire pour que votre esprit s'apaise et reste concentré sur votre respiration.

Si vous continuez ainsi, patiemment, au bout d'un moment ces pensées qui vous distraient vont s'éloigner et vous éprouverez une sensation de détente et de paix intérieure.

Loi 3. Créez-vous

La méditation vidant l'esprit de ses pensées, ce dernier s'apaise et un profond sentiment de contentement et de force intérieure s'élève naturellement en nous.

La vacuité qui envahit notre esprit habituellement surchargé devient un havre de sérénité et une grande part du stress et de la tension que nous ressentons en temps normal s'évanouit, tout simplement. Méditer une quinzaine de minutes par jour permet de conserver ce sentiment de paix et de bien-être.

Si nous méditons le soir, nous dormons beaucoup mieux. Pratiquée le matin, juste après le réveil, la méditation stimule notre énergie et notre concentration au cours de la journée.

Dans les deux cas, nous développerons un sentiment intense de détachement, car la méditation repousse rapidement les inquiétudes et les peurs ; la plupart de nos problèmes habituels perdront de leur importance et les situations difficiles deviendront plus faciles à gérer.

un espace sans peur

Si vous trouvez la respiration trop monotone pour réussir à vous concentrer, vous pourriez à la place essayer d'écouter de la musique, ou les oiseaux chanter. Bien souvent, lorsqu'on cesse de pratiquer la méditation, c'est parce qu'on croit échouer si on n'arrive pas à vider l'esprit de ses pensées. La méditation devient alors un combat que l'on ne peut pas gagner, et on abandonne.

Personne ne peut véritablement vider son esprit pendant longtemps. Ce qui compte, c'est la fréquence et la durée des intervalles entre les pensées. La pensée reviendra envahir l'esprit tôt ou tard, nous sommes tout simplement faits ainsi. Chaque fois qu'une pensée perce le silence créé par la méditation, écartez-la doucement ou ne lui reconnaissez aucune énergie, et elle disparaîtra.

« La méditation n'est pas un moyen de faire taire le mental, mais d'entrer dans le silence qui est déjà là, enseveli sous les cinquante mille pensées qui traversent chaque jour l'esprit de l'individu moyen. »

Deepak Chopra

4. Pratiquez le non-jugement

Suggestion de musique à écouter pour ce chapitre :
Je ne jugerai pas, par Sinclair dans *Que justice soit faite*.

Loi 4. Pratiquez

Il existe une forte corrélation entre le nombre de choses que nous jugeons et la somme de peurs qui nous habite.

Le non-jugement, ce n'est pas s'abstenir de juger un comportement criminel ou contraire à l'éthique. Cela veut dire ne pas constamment porter un jugement sur les situations ou sur autrui en les qualifiant de « bon » ou « mauvais », de « bien » ou de « mal », en fonction du cadre étroit de nos croyances personnelles. Il est impossible d'éliminer le jugement, car nous progressons dans la vie en prenant des décisions qui s'appuient sur le jugement. C'est davantage leur quantité qu'il nous faut considérer, car il existe une forte corrélation entre le nombre de choses que nous jugeons et la somme de peurs qui nous habite. Lorsque nous portons sans cesse des jugements, pesant, calculant, classant et étiquetant notre entourage comme étant « bien » ou « mal », « sûr » ou « dangereux », nous créons et renforçons un grand nombre de tabous et limitations internes et rigides. Il s'ensuit que nous passons notre vie à naviguer entre ce que nous prenons pour des menaces et des obstacles.

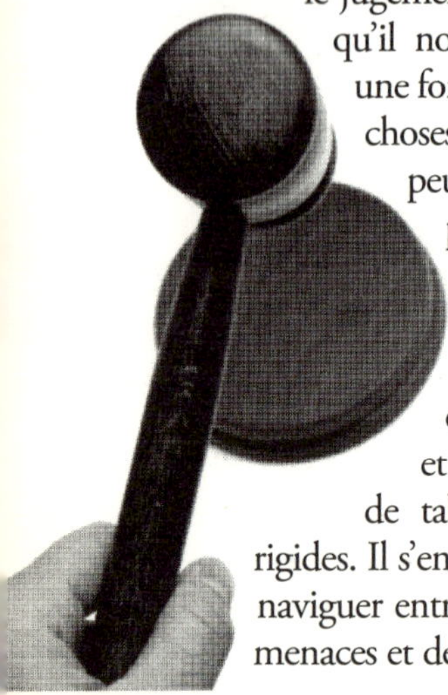

le non-jugement

Plus nous jugeons, et plus nous le faisons rapidement, moins de choix s'offrent à nous. Confrontés à une situation, nous évaluons immédiatement nos options puis, par le jugement, les réduisons à un choix très limité.

Les critères que nous utilisons dans ce processus d'élimination sont nos croyances. Les croyances sont des postulats que nous établissons en nous basant sur ce que nous avons appris de nos parents, de nos amis, de nos professeurs, des médias, etc. Mises à l'épreuve, nombre de ces croyances s'avèrent totalement non fondées.

Un jugement trop rapide indique que nous ne remettons pas nos croyances en question, et tendons à toujours retomber dans les mêmes vieux schémas familiers lorsque nous cherchons à classer les individus et les événements.

Ne pas remettre nos croyances en question signifie que nous ne nous remettons pas nous-mêmes en question ; que nous nous prenons très au sérieux ; que nous sommes rigides et fermés aux idées nouvelles. Notre capacité à apprendre et à nous développer est donc sévèrement entravée. Notre esprit reste piégé dans un petit coin plein de choses qui ne sont « pas bien » ou « dangereuses », et la peur ne tarde pas à arriver au galop pour nous prévenir de ces dangers.

Loi 4. Pratiquez

Le non-jugement conduit au détachement, et le détachement réduit la peur.

Le « non-jugement », c'est abandonner les jugements instantanés chaque fois que nous le pouvons, tout en usant de notre discernement pour faire des choix en toute liberté – libre de toute peur et limitation. Lorsque, face à un événement, nous nous abstenons de juger, nous nous détachons du résultat de cet événement. SI nous prenons l'habitude de nous abstenir de juger chaque fois que cela n'est pas réellement nécessaire pour notre sécurité et notre bien-être, le détachement devient lui aussi une habitude.

Le détachement crée un sentiment d'insouciance, de légèreté – l'exact opposé de la peur. Le détachement, cela signifie aussi que nous sommes prêts à abandonner nos croyances, et tout particulièrement nos croyances limitantes. Là où, auparavant, nous étions convaincus de ne rien pouvoir faire, nous n'avons maintenant plus peur d'essayer. Là où, auparavant, nous étions convaincus d'avoir raison, nous sommes maintenant prêts à écouter un point de vue différent.

Le détachement nous libère.

---

le non-jugement

« *Rien n'est en soi bon ou mauvais, la pensée le rend tel.* »

William Shakespeare

Loi 4. Pratiquez

Oui, mais comment ?

Pour pratiquer le non-jugement, il faut déprogrammer notre esprit de son habitude à émettre des opinions à tout bout de champ et à une vitesse à couper le souffle. Il existe toutefois une différence par rapport à l'abandon d'autres habitudes : nous ne devons pas (ni ne pouvons) cesser de porter des jugements. Nous allons plutôt chercher à limiter nos jugements à ce qui est nécessaire pour vivre correctement sans nous nuire – c'est un peu comme se limiter à un ou deux verres de vin au dîner. Mais je dois vous dire que cela demande de la discipline !

1. Prenez l'habitude.

Entraînez-vous au non-jugement pendant de courtes périodes : décidez, par exemple, que vous allez faire un effort conscient aujourd'hui, entre 3 et 4 heures de l'après-midi, pour ne rien juger. Si des questions importantes requièrent votre jugement, reportez-les après 4 heures. Continuez à vous imposer ces périodes de non-jugement jusqu'à ce que vous soyez parfaitement rodé.

2. Ne jugez que lorsque cela est nécessaire.
Quand vous sentez que vous êtes sur le point de porter un jugement, dites-vous « STOP ! M'est-il réellement nécessaire d'avoir une opinion sur cela ? » Cela va-t-il changer quelque chose dans votre vie si vous vous abstenez de juger ? Une autre personne, plus qualifiée, pourrait-elle porter ce jugement à votre place ? Quelles seraient les conséquences probables si vous ne jugiez pas, et pourriez-vous vivre avec elles ?

3. Si vous vous surprenez à juger en dépit de votre vœu de vous abstenir.
Souvenez-vous de ce qu'il s'est produit juste avant : par exemple, étiez-vous irrité par quelque chose, qui a déclenché ce jugement ? Si vous observez pourquoi vous avez jugé sans y penser, la prochaine fois, un signal d'alarme pourrait bien vous prévenir que vous êtes de nouveau sur le point de plonger, ce qui vous permettra de faire une pause et de réfléchir avant de décider si vous allez porter un jugement.

Loi 4. Pratiquez

OK, donnez-moi un exemple !

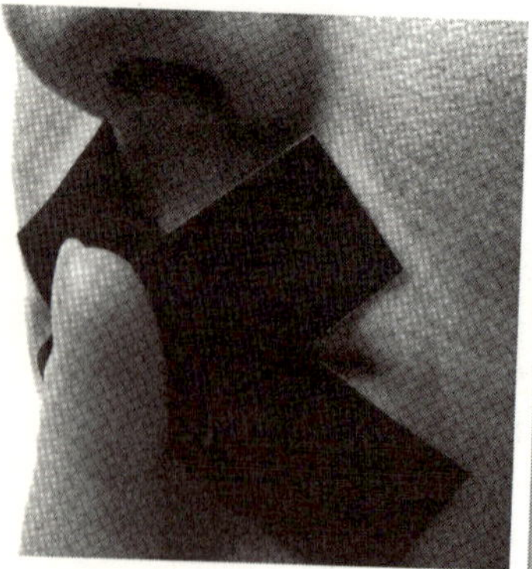

La prochaine fois qu'une voiture, sur l'autoroute, arrive à toute vitesse derrière vous, vous colle et vous lance des appels de phares frénétiques, ne hurlez pas « Va donc, eh, c… ! ». Contentez-vous de vous dire que cette personne semble très pressée et laissez-lui la voie libre. Si, au bureau, quelqu'un critique le comportement d'un collègue, demandez-vous s'il est vraiment nécessaire de vous impliquer ; si ce ne l'est pas, restez en dehors de cela et n'y pensez plus. Si vous voyez dans la rue quelqu'un qui se comporte « bizarrement », stoppez l'impulsion de condamner intérieurement son attitude (« Abruti ! », « Timbré ! »). Contentez-vous d'observer et de continuer votre chemin : juger ne changera rien, ni pour vous, ni pour le « timbré ».

le non-jugement

Mais si une personne visiblement sans défense se fait agresser dans le train, décidez qu'il pourrait bien être nécessaire de vous interposer. Pratiquer le non-jugement ne signifie pas faire semblant d'être « plus saint que toi », d'afficher une attitude de vertu supérieure. Les lignes en petits caractères, au bas du contrat passé avec vous-même de vous abstenir de juger, ne stipulent rien de la sorte…

5. Déterminez vos forces et vos faiblesses

Suggestion de musique à écouter pour ce chapitre :
Book of my life, Sting dans *Sacred Love*.

Loi 5. Déterminez vos

Nous devons connaître nos forces pour comprendre que nous pouvons résister à la peur et à l'impulsion de nous inquiéter.

forces et vos faiblesses

Nous devons connaître nos faiblesses
pour comprendre comment éviter les situations qui engendrent la peur.

Être convaincu de nos forces et comprendre nos faiblesses nous donne la confiance en soi requise pour résister à la peur.

Loi 5. Déterminez vos

Oui, mais comment ?

Il existe de nombreux tests, questionnaires et je ne sais quoi encore mais voici, du moins à mes yeux, une méthode rapide et efficace.

1. Prenez un stylo, et sur une feuille de papier inscrivez toutes les choses que vous avez faites dans votre vie (sur les plans professionnel et privé) qui sortaient un peu de l'ordinaire et dont vous êtes secrètement fier. Remontez dans le temps aussi loin que vous le désirez, et écrivez tout ce qui vous semble avoir été important et éclairer un pan de votre personnalité. Ces choses n'ont pas besoin d'avoir révolutionné le monde, ce peut être de petits triomphes personnels, des moments où vous avez été content de vous. Il est important de ne pas être timoré et trop modeste. Si vous doutez de la validité de vos réalisations, inscrivez-les quand même. Vous pourrez toujours les éliminer par la suite.

forces et vos faiblesses

2. Puis, sur une seconde feuille de papier, inscrivez ce qui vous a permis de réaliser ces choses : était-ce la persévérance et votre ouverture d'esprit ? L'association de votre expérience professionnelle et de votre sens de la psychologie ? Si oui, quelle est l'expérience professionnelle qui a été particulièrement utile ? Votre don pour les langues, votre curiosité intellectuelle ? Le fait que vous avez l'habitude de travailler dur et de ne pas abandonner tant que le travail n'est pas terminé ? Cette réalisation était-elle due à votre sens de l'initiative et à votre esprit indépendant ? Vous constaterez que plusieurs mots, notamment ceux qui ont trait à vos qualités personnelles, vont revenir plusieurs fois.
Une fois cette liste terminée et que vous en êtes satisfait, certain qu'elle vous représente vraiment, vous répertoriez vos réponses dans trois catégories :

- expérience et connaissances
- compétences
- qualités personnelles

Loi 5. Déterminez vos

Oui, mais comment ?

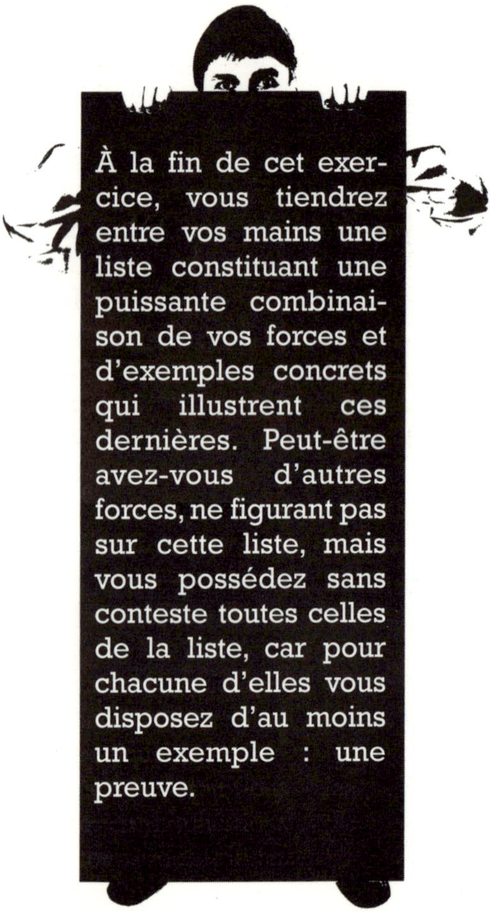

À la fin de cet exercice, vous tiendrez entre vos mains une liste constituant une puissante combinaison de vos forces et d'exemples concrets qui illustrent ces dernières. Peut-être avez-vous d'autres forces, ne figurant pas sur cette liste, mais vous possédez sans conteste toutes celles de la liste, car pour chacune d'elles vous disposez d'au moins un exemple : une preuve.

forces et vos faiblesses

Cette liste, et notamment les preuves de vos forces, pourrait maintenant très bien convaincre même la personne la plus sceptique, la plus froide et la plus négative à votre encontre. En d'autres termes, vous allez être en mesure de vous convaincre vous-même que vous possédez ces forces. Et une fois que vous êtes convaincu, vous vous appropriez ces forces et pouvez en faire librement usage.

Vous pouvez aussi établir la liste de vos faiblesses. Si celle-ci est bien faite, elle devrait être aussi longue que celle de vos forces : pour chaque force, vous possédez une faiblesse correspondante. Par exemple, si vous avez l'œil pour les détails et qu'il est rare que quelque chose vous échappe, vous pourriez avoir du mal à déléguer. Il vous faudra donc éviter les situations demandant de déléguer des tâches essentielles, et vous assurer, une fois que vous aurez entrepris une tâche, que vous vous êtes donné les moyens de contrôler les détails.

Créer une liste de vos faiblesses n'a pas pour but de remuer le couteau dans la plaie, mais de vous permettre de comprendre la vraie nature de vos failles et de mieux savoir ce qu'il faut éviter à l'avenir.

OK, donnez-moi un exemple !

Ce que j'ai fait	Ce qui m'a permis de le faire
Je me suis classé troisième au championnat régional d'athlétisme junior à l'âge de 16 ans.	Persévérance, engagement, discipline.
Pendant un an, j'ai été le seul délégué de la Croix-Rouge Internationale en Afrique Centrale et en Asie du Sud-est.	Capacité de travailler de façon autonome, intérêt pour les pays en voie de développement, langue étrangère (anglais).
J'ai créé un grand bal costumé annuel pour les enfants du quartier et réussi à mobiliser de nombreux parents pour m'aider.	Talents d'organisateur, aptitude à motiver et diriger une équipe.
J'ai été nommé directeur de projet pour améliorer le système de facturation et le contrôle des paiements de ma banque.	Expérience de la comptabilité, maîtrise des outils informatiques ; persévérance, engagement, talents d'organisateur, aptitude à motiver et diriger une équipe.
J'ai été muté au service d'analyse financière et ai rapidement appris ce travail ; j'ai reçu de bonnes évaluations de ma hiérarchie.	Aptitude à apprendre rapidement et à m'adapter à de nouveaux environnements.

forces et vos faiblesses

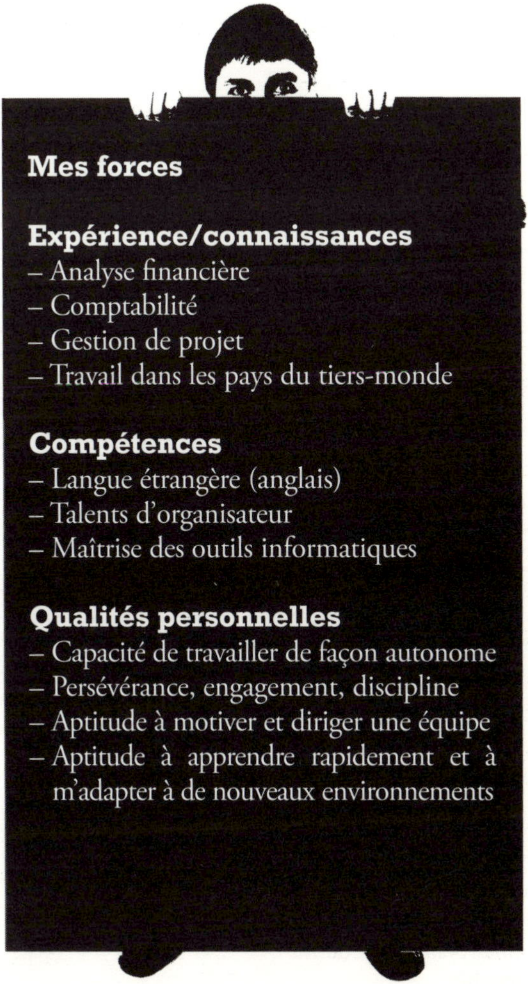

Mes forces

Expérience/connaissances
- Analyse financière
- Comptabilité
- Gestion de projet
- Travail dans les pays du tiers-monde

Compétences
- Langue étrangère (anglais)
- Talents d'organisateur
- Maîtrise des outils informatiques

Qualités personnelles
- Capacité de travailler de façon autonome
- Persévérance, engagement, discipline
- Aptitude à motiver et diriger une équipe
- Aptitude à apprendre rapidement et à m'adapter à de nouveaux environnements

6. Faites la paix avec votre critique intérieur

Suggestion de musique à écouter pour ce chapitre :
Inner voice par Harvie Swartz & Randy Klein dans
Love notes from the bass.

Loi 6. Faites la paix avec

Nous entendons tous de temps à autre cette petite voix pressante, celle de notre critique intérieur, qui ne cesse de nous dénigrer, de nous discréditer, de nous amoindrir.

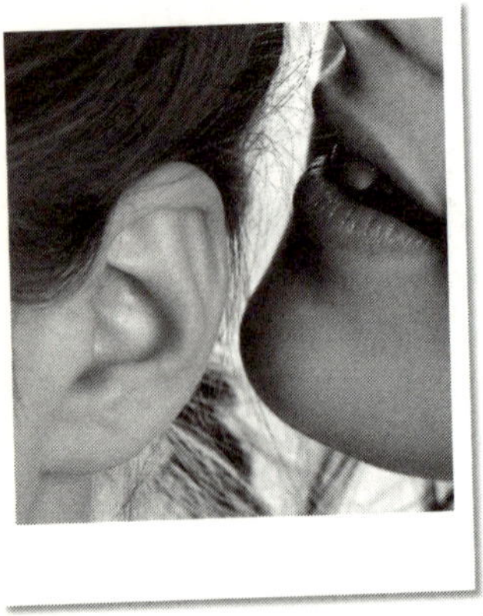

Qui n'a jamais entendu cette petite voix le fustiger avec des commentaires tels que : « Tu es un incapable, tu n'as aucun talent, tu n'es qu'un paresseux, tu n'es pas drôle, tu n'as rien de séduisant », et ainsi de suite ? Tout le monde possède un critique intérieur, car nous avons tous des souvenirs, aussi bien conscients qu'inconscients, de toutes les fois où d'autres personnes nous ont critiqués et où nous nous sommes sentis incapables ou stupides. Ce sont les cicatrices de notre enfance, durant laquelle est apparu notre critique intérieur. Notre voix intérieure nous parle tout le temps. Et lorsqu'elle devient critique à l'excès, nous rabaissant sans cesse, encore et encore, nous finissons par perdre notre estime de soi. L'estime de soi est une puissante barrière contre la peur ; lorsqu'elle s'effondre, la peur s'engouffre dans la brèche.

votre critique intérieur

Il existe deux écoles quant à la manière de résister au critique intérieur. Pour l'une, il faut lui dire de se taire, lui opposer une pancarte : « Ne pas déranger », lui hurler dessus, se mettre en colère contre lui…

D'autres, à l'inverse, pensent que dire à son critique intérieur de se taire et autres rudoiements – lesquels, fondamentalement, s'adressent à nous-mêmes – constituent des solutions superficielles et à court terme, qui ne guérissent rien du tout. Une voix intérieure qui nous critique en permanence est l'expression d'une faible estime de soi. Il semble donc préférable de remonter jusqu'à la racine du problème.

Dans le chapitre précédent, nous avons vu comment déterminer nos forces. Il est temps maintenant qu'une autre voix intérieure prenne la parole et, au vu de ces forces, commence à nous dire que nous sommes quelqu'un de bien et d'agréable, doté de talents spéciaux. Cela signifie que nous devons commencer à faire la paix avec notre critique intérieur et à accepter la personne que nous sommes vraiment – avec toutes nos failles et toutes nos qualités.

Loi 6. Faites la paix avec

Se réconcilier avec un critique intérieur négatif à l'excès et méprisant en permanence constitue une manière positive de s'en débarrasser. Comme l'a fait remarquer Abraham Lincoln : « N'est-ce pas détruire mes ennemis que d'en faire des amis ? »

Faire la paix avec notre critique intérieur exige, bien sûr, que nous commencions à apprécier notre propre compagnie – ce qui va bien au-delà de la compréhension et du respect de nos forces, car le respect n'engendre pas forcément l'amitié.

Nous devons aussi commencer à apprécier le type de personne que nous sommes. Et si nous ne nous apprécions pas vraiment aujourd'hui, cela provient probablement, comme nous l'avons déjà mentionné, des critiques destructrices émises à notre encontre par d'autres personnes – essentiellement durant nos jeunes années, alors que nous étions très vulnérables.

votre critique intérieur

À l'époque, nous étions très impressionnables et nous nous sommes approprié ces remarques, continuant à nous les répéter jusqu'à ce que la perception des autres devienne réalité – bien ancrée dans notre système de croyances.

Peut-être ces critiques et moqueries étaient-elles justifiées à l'époque, mais il est bien connu que nous tendons à être notre plus sévère critique. Ce que nous nous disons aujourd'hui à nous-mêmes fait probablement plus mal que ce qu'avaient à l'esprit ceux qui nous ont critiqués les premiers. Et si effectivement ceux-ci avaient l'intention de nous blesser, peut-être bien qu'ils cherchaient à se blesser eux-mêmes en blessant une personne qui leur était proche.

Quoi qu'il en soit, il est clair qu'il ne rime à rien de continuer à vivre sous un feu de remarques féroces et désobligeantes : non seulement cela affaiblit nos défenses contre le doute et la peur, mais cela peut aussi, par moments, nous rendre vraiment malheureux.

Il est également évident que nous avons quasiment tous envie d'être en bons termes avec nous-mêmes. Car, en fin de compte, c'est nous qui devons résoudre nos problèmes et, dans ces moments-là, nous ne pouvons compter que sur nous-mêmes.

Loi 6. Faites la paix avec

Oui, mais comment ?

Comment nous y prenons-nous pour devenir l'ami de quelqu'un ?

Comment lui montrons-nous que nous l'apprécions ?

Généralement en :

- lui faisant des compliments,
- prenant le temps de l'écouter quand il a des soucis,
- lui offrant un cadeau de temps en temps,
- lui vouant une amitié inconditionnelle, mais sans complaisance.

Si c'est ainsi que nous nous comportons avec nos bons amis, c'est aussi la manière la plus honnête, la plus authentique, la plus directe – et la seule – de devenir notre propre ami.

Sous le feu roulant des attaques de notre critique intérieur, nous n'avons guère pris l'habitude d'être généreux et amicaux vis-à-vis de nous-mêmes. La seule manière de faire un sérieux effort consiste à nous comporter comme nous le faisons avec autrui.

votre critique intérieur

Ainsi, aussi étrange que cela puisse nous sembler au début, nous dire (et faire) ce que nous réservons habituellement uniquement aux autres montre que nous sommes déterminés à prendre cette quête au sérieux.

Par conséquent, forcez-vous s'il le faut, et…

- soyez généreux avec vous-même et faites-vous des compliments,
- prenez le temps d'écouter votre corps et votre esprit,
- sur un coup de tête, offrez-vous un cadeau surprise,
- et, sans tomber dans la complaisance, montrez-vous inconditionnel dans votre appréciation de vous-même.

Loi 6. Faites la paix avec

OK, donnez-moi un exemple !

1. Soyez généreux avec vous-même et faites-vous des compliments.

La prochaine fois que vous serez content de vous, soyez généreux avec vous-même.

N'allez pas gâcher votre bonne humeur en vous lançant dans ces lamentations intérieures sur ce que vous auriez dû faire pour faire encore mieux. Donnez-vous une petite tape sur l'épaule (même simplement en pensée), dites : « Bon travail ! » et restez-en là. Il va vous en coûter de vous abstenir de toute autocritique, vous allez même, peut-être, vous sentir hypocrite de vous montrer si accommodant envers vous, mais considérez cela comme un investissement en vue d'une relation plus douce avec vous-même.

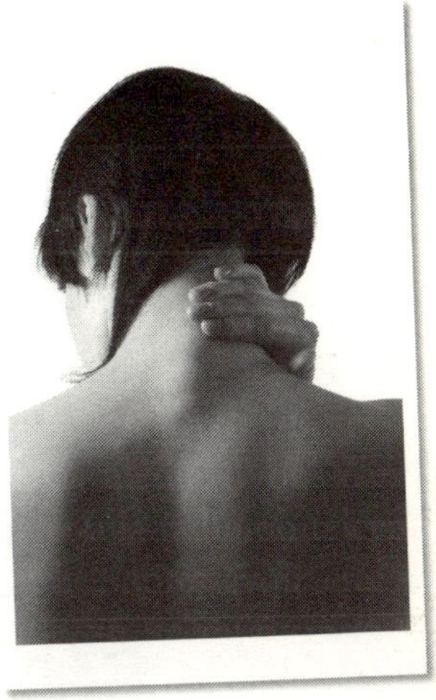

2. Prenez le temps d'écouter votre corps et votre esprit.
Notre esprit nous parle sans arrêt et, quand il juge la question importante et que nous n'écoutons pas, il nous lance des signaux de détresse (par exemple un sentiment de malaise) qui, si nous n'y prêtons pas attention, peuvent se transformer en symptômes physiques intenses, tels que migraines ou maux de dos. Soyez donc à l'écoute des variations d'humeur ou douleurs physiques survenant sans raison apparente. Dans ce cas, prenez le temps de vous asseoir, fermez les yeux, dites-vous à vous-même que vous désirez connaître les raisons de cette saute d'humeur ou douleur physique, et laissez votre esprit vagabonder librement dans toutes les directions. Faites cela de manière répétée. Si cela ne donne aucun résultat, pratiquez la méditation et, avant d'entrer dans la vacuité, c'est-à-dire l'espace entre deux pensées, dites-vous que vous désirez connaître les raisons de votre malaise, et n'y pensez plus. La réponse, ou une indication de ce qu'il faut explorer, viendra tôt ou tard.

OK, donnez-moi un exemple !

3. Faites-vous un cadeau surprise.

Notre premier exemple, dans lequel vous vous complimentiez pour quelque chose dont vous étiez fier, est aussi une bonne occasion de vous faire un cadeau surprise. Pour vous surprendre, il vous faut agir sur un coup de tête. Résistez à la tentation naturelle de vous trouver une excuse pour vous acheter un nouveau pull ou un livre. Abandonnez-vous à cet instant et profitez-en, en vous disant que vous faites cela pour le seul plaisir de le faire, parce que vous êtes quelqu'un de bien, un vrai ami.

4. Appréciez-vous sans conditions.

La prochaine fois que vous ferez quelque chose de stupide, au lieu de vous traiter de tous les noms, dites quelque chose comme : « D'accord, tu as vraiment été à côté de la plaque, pour telle ou telle raison, mais ne t'inquiète pas, cela ne change rien à notre relation, tu feras mieux la prochaine fois ». Inconditionnellement ne signifie pas être complaisant ; cela signifie que vous êtes capable de reconnaître une erreur et d'en trouver les raisons, mais que cela ne change rien à votre appréciation de vous-même.

7. Écoutez votre peur, acceptez-la et déconnectez-vous

Suggestion de musique à écouter pour ce chapitre : *Nocturne pour Piano n° 2 Op. 9/2 en mi-bémol majeur*, Chopin, *Nocturnes*.

Loi 7. Écoutez votre peur,

Écoutez votre peur !

Pour résister à la peur, nous devons écouter attentivement ce qu'elle nous dit ; nous ne pouvons pas résister à ce que nous ne connaissons pas.

La peur constitue une information qui, bien souvent, n'a rien de très précis ; une voix intérieure nous dit : « Si cela se produit, cela pourrait avoir telle et telle conséquences négatives, fais attention ! »

Généralement, nous n'écoutons pas, surtout lorsque nous sommes concernés. Peut-être ne ressentons-nous pas le besoin d'être poli avec nous-mêmes ? Mais il se pourrait aussi que, dans cette société surprotégée, où les « autorités » nous disent sans cesse ce qu'il faut faire et ne pas faire pour nous préserver, nous ayons perdu la faculté de nous écouter : ce n'est plus indispensable pour notre survie. Lois, réglementations, systèmes de signalisation, modes d'emploi, etc. nous disant quotidiennement que faire, quand et comment, nous n'avons guère besoin de nous mettre intimement à l'écoute de nous-mêmes.

Nous écoutons d'une oreille, sautons sur les conclusions (notre sport favori) et bien souvent supposons le pire. Ainsi, nous ne réagissons pas comme il le faudrait, ou nous en faisons trop.

acceptez-la et déconnectez-vous

La peur quitte sa place légitime et nous la laissons s'emballer et prendre le contrôle de notre esprit. Tant que nous ne saurons pas exactement ce que nous dit la peur, nous n'aurons aucun moyen de lui résister avec efficacité.

La première étape consiste donc à apprendre à mieux écouter ce que nous dit la peur. Dans ce contexte, lorsque nous employons le mot « peur », nous ne parlons plus de nos « peurs de » (de l'altitude, des serpents…), mais d'une émotion fondamentale et profondément ressentie qui concerne véritablement notre bien-être, notre pérennité.

Loi 7. Écoutez votre peur,

Écoutez votre peur !

Oui, mais comment ?

Nous commençons à écouter lorsque nous captons un signal indiquant que nous devrions faire attention.

Les autres, c'est en premier lieu par politesse que nous les écoutons. Mais si nous leur prêtons une oreille attentive, c'est soit parce que nous pensons qu'ils disent quelque chose d'important pour nous, personnellement, soit parce que nous aimons ou apprécions cette personne. Lorsqu'il s'agit de nous écouter, nous, d'écouter des sentiments tels que notre peur, nous devons à la fois nous apprécier et croire que ce que nous entendons est important pour nous.

acceptez-la et déconnectez-vous

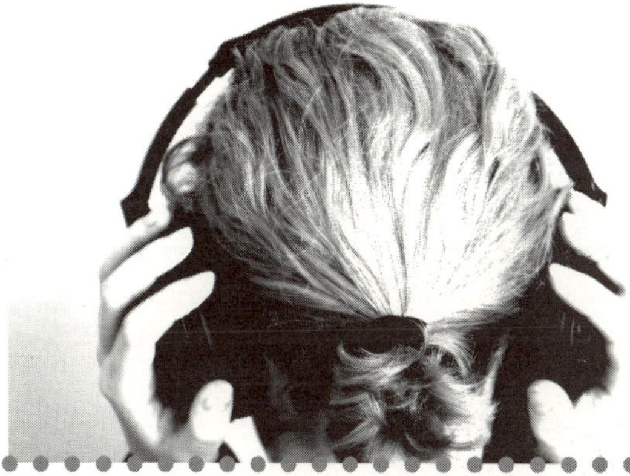

Pour s'écouter, la condition préalable consiste donc à s'apprécier. Et pour s'apprécier, il faut d'abord avoir fait la paix avec son critique intérieur. Et nous devons aussi avoir la conviction que ce que nous entendons est important pour nous. Le plus sûr moyen d'apprendre à s'écouter, c'est d'avoir un système de guidage interne qui fonctionne bien et une forte motivation – car celle-ci crée des objectifs bien précis dans notre esprit. Ainsi, nous nous focalisons sur le moment présent. Vivre dans l'instant présent, réceptif aux informations ou avertissements qui peuvent nous aider à remplir nos objectifs, aiguise notre perception de ce que nous voyons, lisons ou écoutons, y compris notre propre voix intérieure.

Loi 7. Écoutez votre peur,

La peur peut se présenter, par exemple, sous la forme d'une sirène tonitruante dans la tête, ou d'une sensation glaciale et paralysante dans les entrailles, avec le cœur qui bat la chamade. Dans les deux cas, la peur s'exprime si bruyamment et si clairement que vous n'avez aucun mal à comprendre ce qu'elle vous dit. Cette peur est due à quelque chose de spécifique que vous pouvez identifier (et, espérons-le, éviter).

La peur peut aussi se présenter sous la forme d'une sourde inquiétude qui se développe peu à peu. Vous avez un sentiment de malaise. Souvent, vous pouvez en déceler la cause : par exemple, vous avez entendu dire qu'une restructuration se prépare dans votre entreprise, ou bien vous êtes de plus en plus surchargé et vous avez du mal à gérer votre charge de travail.

Et parfois, vous ne parvenez pas à déterminer de quoi il s'agit, mais le fait est que vous ne vous sentez pas bien du tout.

Là, il est plus difficile d'écouter, car les signaux peuvent être brouillés et peu compréhensibles. La suite logique consiste donc à obtenir des informations plus précises (mais de préférence pas la nuit où, à cause de la fatigue, les émotions peuvent rapidement vous submerger).

Écoutez votre peur !

OK, donnez-moi un exemple !

Donc, vous avez entendu dire que votre entreprise va se restructurer. Interrogez-vous sur les conséquences possibles qui semblent vous effrayer, et analysez vos réponses : « *Cela signifie que je pourrais perdre mon emploi.* » Et alors ? « *Et bien, il pourrait se passer du temps avant que j'en retrouve un autre.* » Est-ce vraiment la réalité dans votre spécialité ? Renseignez-vous ! « *Oui, effectivement, il n'y a pas beaucoup de demande dans mon secteur de spécialisation.* » De quoi ai-je besoin pour trouver plus facilement du travail en changeant de branche ? « *Je vais peut-être devoir investir dans une formation supplémentaire.* » Combien cela coûterait-il ? et ainsi de suite. En en parlant avec vous-même, vous prenez la situation en mains, vous vous ménagez une prise sur les éventuelles conséquences. Cela vaut nettement mieux que simplement se dire « *Oh ! mon Dieu, je vais perdre mon travail, ça va être affreux* », et laisser les choses en l'état en vous efforçant d'ignorer la peur qui se développe en vous.
Si vous ne parvenez pas à trouver ce qui vous inquiète, prenez le temps de vous asseoir, de vous détendre et de simplement laisser les pensées vous venir. Demandez-vous « *Pourrait-ce être ceci, et si oui, quelles pourraient en être les conséquences ?* » Le simple fait de prendre le temps de vous écouter va déjà réduire votre anxiété ; celle-ci provient essentiellement de questions laissées sans réponse. Et quand vous trouverez cette réponse, vous le saurez.

Loi 7. Écoutez votre peur,

Acceptez votre peur !

« Le premier pas vers le changement
est la prise de conscience.
Le second est l'acceptation. »
Nathaniel Branden

Vivre harmonieusement avec notre peur – sous réserve qu'elle reste à sa juste place – exige d'accepter ce qu'elle nous dit. Cela ne signifie pas se résigner, mais pleinement comprendre et reconnaître que les conséquences (réalistes) du risque que nous prenons pourraient bien se produire. L'acceptation ouvre l'esprit, lui laissant le champ libre pour s'organiser, pour planifier la gestion des conséquences. Cela requiert de comprendre la situation, compréhension qui, à son tour, permet d'agir en toute connaissance de cause et d'opposer une résistance intelligente à une issue indésirable. Dans cette perspective, l'acceptation serre la bride à la peur : c'est en effet son contraire – un sentiment d'inaction et d'ignorance – qui fait s'emballer la peur dans notre esprit.

L'échec est tout à fait possible.
Ainsi, lorsque nous nous engageons dans une certaine action, de notre propre volonté ou parce qu'il n'existe aucune alternative raisonnable, réduire notre peur exige d'envisager en toute sérénité l'éventualité d'un échec et de ses conséquences probables. L'acceptation de notre mort, et le fait d'avoir tout organisé (planifié ses conséquences pour nos proches), réduit donc notre peur en général. Chez les personnes qui ont vécu une expérience de mort rapprochée et n'ont pas trouvé cela effrayant, la peur est aussi considérablement réduite.

Avoir peur de ce que nous désirions au départ.
La peur peut également prendre racine dans le succès. Atteindre tout à coup ses objectifs, après des années de lutte et de doutes, et ne pas être préparé aux conséquences du succès peut engendrer la peur de tout perdre.

Loi 7. Écoutez votre peur,

Acceptez votre peur !

Oui, mais comment ?

L'acceptation vient quand nous sommes capables de lâcher prise, de ne plus nous laisser dominer par nos sentiments.

Pour cela, nous devons :

- comprendre que les risques et leurs conséquences possibles sont inévitables,
- reconnaître que le passé a disparu à jamais et que se lamenter sur des actions passées avec des « Si seulement… » constitue non seulement une perte de temps, mais nous détourne de ce que nous avons à faire.

Il est manifestement plus facile d'oublier le passé si nous pouvons, avec le recul, réaliser que notre « erreur » a été dictée par les valeurs et/ou les informations dont nous disposions à l'époque, et que nous n'aurions absolument pas pu agir autrement.

Et si nous avons effectivement fait quelque chose de réellement stupide dans le passé, il nous faut alors travailler – comme nous l'avons vu précédemment – pour devenir capable de nous dire : « D'accord, tu as vraiment été à côté de la plaque, pour telle ou telle raison, mais ne t'inquiète pas : cela ne change rien à notre relation, tu feras mieux la prochaine fois. »

acceptez-la et déconnectez-vous

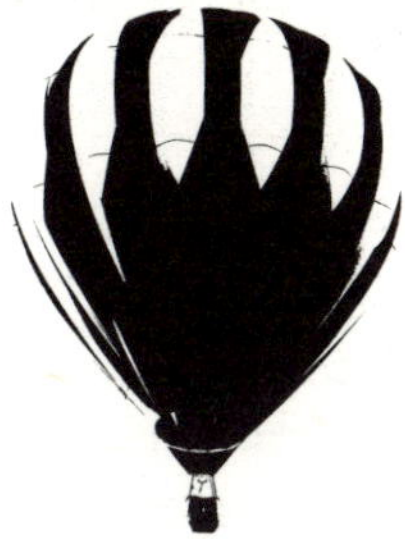

« Tout l'art de vivre réside dans un subtil mélange de lâcher-prise et d'emprise. » Henry Ellis

Loi 7. Écoutez votre peur,

OK, donnez-moi un exemple !

Prenons par exemple la peur du succès : vous avez dirigé ou créé avec succès un projet qui attire l'attention des médias. Vous êtes invité à une interview en direct à la radio ou télévision nationale ! Ou, autre exemple : après avoir créé un superbe C.V. et rédigé une lettre de motivation qui aurait fait pâlir Shakespeare de jalousie, vous avez été convoqué à un entretien d'embauche pour la meilleure place imaginable. Et maintenant, vous êtes mort de peur !

Remontez le temps, revenez au moment où vous avez commencé à créer votre C.V. et votre lettre de motivation : qu'auriez-vous ressenti si, à la sortie de la poste, une fée était tout à coup apparue devant vous et vous avait murmuré à l'oreille : « Maintenant que tu as posté ton enveloppe, je peux te dire que tu seras convoqué à un entretien. » Vous auriez été aux anges ! Qu'auriez-vous ressenti, si l'on vous avait dit : « Je peux te garantir que ton projet va être une réussite, une telle réussite qu'on va t'interviewer à la radio et à la télé ! » Vous auriez débouché le champagne !

C'est le meilleur moment de ma vie !

Et maintenant, vous voilà dans tous vos états, nerveux, empli d'appréhension, terrifié ? Pour pleinement accepter les conséquences de votre réussite, maintenant que vous êtes sur le point d'entrer dans le studio ou la salle d'entretiens, essayez d'imaginer comment vous vous seriez senti, au début, si l'on vous avait prédit ce succès, et accrochez-vous à ce sentiment. Dites-vous : « J'ai travaillé très dur pour en arriver là. C'est ce que j'ai toujours réellement espéré. C'est le meilleur moment de ma vie ! Je vais en savourer chaque seconde, parce que je ne connaîtrai probablement plus jamais cela. Plus cela durera, mieux ce sera ! »

Autrement dit, ne crachez pas dans le champagne !

Loi 7. Écoutez votre peur,

Déconnectez-vous !

Il y a des moments où nous avons besoin de nous déconnecter de la peur pour préserver notre force et notre résistance.

acceptez-la et déconnectez-vous

Résister à la peur demande un esprit clair et l'un des moyens d'avoir l'esprit clair, c'est de bénéficier d'un temps raisonnable de sommeil. Les inquiétudes, les peurs, les anxiétés ont toutes tendance à s'insinuer en nous au moment où nous essayons de nous endormir et où notre résistance est au plus bas. À un certain moment, nous devons être capables de fermer l'interrupteur, de jouir d'un peu de paix et de nous sortir tout cela de la tête.

Quand la peur envahit notre esprit, de nombreux dangers nous guettent : elle peut notamment tellement nous préoccuper qu'elle consomme toute notre énergie ; nous ne pouvons guère penser à autre chose, nous ne nous intéressons plus à rien, nous sommes facilement irrités par notre entourage. Et une fois que notre mauvais caractère, provoqué par la peur, nous a fait perdre le soutien de notre partenaire, de notre famille ou de nos amis, nous risquons de dangereusement nous affaiblir, mentalement et physiquement.

Loi 7. Écoutez votre peur,

Déconnectez-vous !

Oui, mais comment ?

1. Asseyez-vous confortablement sur une chaise, fermez les yeux.
2. Concentrez-vous sur les battements de votre cœur dans votre poitrine.
3. Puis concentrez-vous sur la sensation des battements de votre cœur au bout de vos doigts.
4. Revenez à votre poitrine jusqu'à ce que vous y sentiez de nouveau battre votre cœur.
5. Imaginez plusieurs circonstances où vous avez été pleinement heureux.
6. Maintenant, imaginez la peur qui vous fait souffrir jusqu'à ce que vous la sentiez tout autour de vous.
7. Expulsez cette peur avec une image forte ; dites quelque chose comme : « Va-t-en, laisse-moi tranquille ! »
8. Concentrez-vous de nouveau sur les battements de votre cœur dans votre poitrine.
9. Imaginez une grande lumière blanche devant vous, à la hauteur de vos yeux.
10. Restez tranquillement assis et, quand vous en éprouvez l'envie, ouvrez lentement les yeux.

acceptez-la et déconnectez-vous

Loi 7. Écoutez votre peur,

Déconnectez-vous !

OK, donnez-moi un exemple !

Prenez la peur de l'avion. Vous avez peur, mais vous devez (et vous pouvez) prendre un avion (nous parlons ici d'une peur, pas d'une phobie). Vous allez embarquer dans dix minutes ; comment pouvez-vous essayer de réduire votre peur ?

5. Pensez, par exemple, à un moment très heureux avec votre partenaire, vos enfants, vos parents.
6. Imaginez votre peur de l'avion, combien elle peut vous compliquer la vie, imaginez-vous dans quelques minutes, assis dans l'avion pendant le décollage.
7. Créez dans votre esprit une image ou un symbole que vous utiliserez toujours pour « déconnecter » – par exemple une grosse vague déferlant sur la plage et refluant en emmenant avec elle tous les débris qui s'y trouvaient. Cette grosse vague va maintenant balayer et expulser la peur de votre esprit et de votre corps.

acceptez-la et déconnectez-vous

1. Asseyez-vous confortablement sur une chaise, fermez les yeux.
2. Concentrez-vous sur les battements de votre cœur dans votre poitrine.
3. Puis concentrez-vous sur la sensation des battements de votre cœur au bout de vos doigts.
4. Revenez à votre poitrine jusqu'à ce que vous y sentiez de nouveau battre votre cœur.
5. Imaginez plusieurs circonstances où vous avez été pleinement heureux.
6. Maintenant, imaginez la peur qui vous fait souffrir jusqu'à ce que vous la sentiez tout autour de vous.
7. Expulsez cette peur avec une image forte ; dites quelque chose comme : « Va-t-en, laisse-moi tranquille ! »
8. Concentrez-vous de nouveau sur les battements de votre cœur dans votre poitrine.
9. Imaginez une grande lumière blanche devant vous, à la hauteur de vos yeux.
10. Restez tranquillement assis et, quand vous en éprouvez l'envie, ouvrez lentement les yeux.

Également aux Éditions Jouvence

Savoir écouter, ça s'apprend !

Techniques simples et concrètes pour bien communiquer

Christel Petitcollin

128 pages • Prix : 9,50 € / 18,50 CHF

La communication est nécessaire partout, dans la vie professionnelle, la vie publique ou privée. Pourtant, peu savent vraiment communiquer, c'est-à-dire écouter l'autre et faire silence. Oui, écouter, ça s'apprend ! En voici les techniques !

Voir sa vie autrement

Le kaléidoscope de l'expérience

Daniel Stoecklin

128 pages • Prix : 8,50 € / 14,90 CHF

Le kaléidoscope de l'expérience est un outil qui permet de considérer, pour mieux la comprendre, notre ligne de conduite personnelle en reliant cinq dimensions de la vie : les activités, les relations, les valeurs, les images de soi et les motivations. Exploration garantie de nos multiples possibilités d'action !

LE TRAVAIL autrement

Je suis perfectionniste,
mais je me soigne !
Xavier Cornette de Saint Cyr
128 pages • Prix : 8,50 € / 16,50 CHF

L'auteur revient sur le perfectionnisme et considère ses aspects tant positifs que dangereux. Ce faisant, il propose quelques méthodes et conseils pour avancer dans la vie plus sereinement et ne plus tomber dans le piège d'un perfectionnisme toxique.

Envie de bien-être ?

www.editions-jouvence.com

Le bon réflexe pour :

Être en prise directe :

- avec nos **nouveautés** (plus de 60 par année),
- avec nos **auteurs** : Jouvence attache beaucoup d'importance à la personnalité et à la qualité de ses auteurs,
- tout notre **catalogue**... plus de 400 titres disponibles,
- avec **les Éditions Jouvence** : en nous écrivant et en dialoguant avec nous. Nous vous répondrons personnellement !

Mais aussi chaque mois :

- découvrir **le livre du mois** : chaque mois un livre est particulièrement mis en évidence et nous vous faisons partager notre enthousiasme,
- apprendre à mieux connaître **l'auteur du mois** : chaque mois un auteur est particulièrement mis en évidence. Interwievé, il parle de sa pensée, de ses projets, de ses coups de cœur,
- découvrir aussi **la librairie du mois** et ses particularités : il y a toujours, proche de chez vous, une librairie qui aime et connaît bien son métier. Elle saura vous conseiller.

Mais encore :

- **commander** vos livres dans une librairie proche de chez vous grâce à notre liste de librairies en France, Suisse, Belgique et Canada,
- **communiquer** directement avec nos auteurs : vous trouverez leurs coordonnées postales, leur mail et site internet,
- **vous informer** en direct de leurs stages et conférences : nos auteurs sont à votre disposition, ils aiment à prolonger leur message par un enseignement direct.

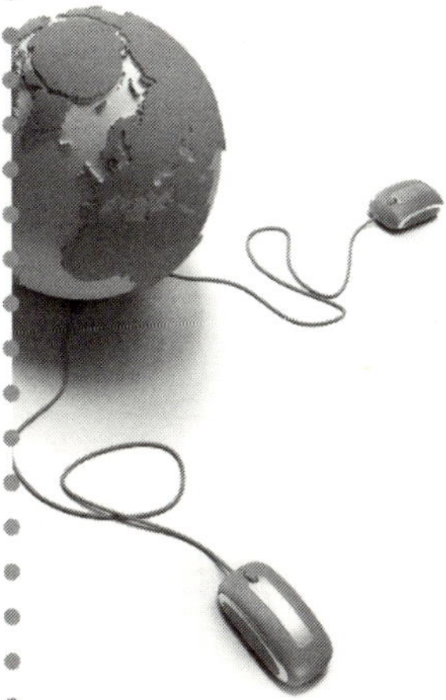

Fotolia - @ Franck Boston

Le site web de la découverte !

Ce site est réactualisé en permanence, n'hésitez pas à le consulter régulièrement.

Achevé d'imprimer sur rotative
par l'imprimerie Darantiere à Dijon-Quetigny
en septembre 2009

Dépôt légal : septembre 2009
N° d'impression : 29-1268

Imprimé en France

Dans le cadre de sa politique de développement durable, l'imprimerie Darantiere a été référencée IMPRIM'VERT® par son organisme consulaire de tutelle. Cette marque garantit que l'imprimeur respecte un cycle complet de récupération et de traçabilité de l'ensemble de ses déchets.